Paris

D1664673

Gabriele Kalmbach

Inhalt

Bienv

»Paris – ein Fest fürs Leben«, glaubte Hemingway, verfiel dem Mythos und schrieb ihn fort. Generationen von Besuchern folgten Zazie in die Métro, den Liebenden zum Pont Neuf und dem Glöckner nach Notre-Dame, verbrachten stille Tage in Clichy, spürten die Geheimnisse von Paris auf oder landeten in Pigalle in einer Mausefalle. Kaum eine Stadt hat so viele Liebeserklärungen erhalten, und

enue!

mehr noch als die Pariser selbst schenkten die Wahl-Pariser der Stadt ihr Herz. Stefan Zweig hielt sie für begnadet, »jeden, der ihr nahte, glücklich zu machen«, und Kurt Tucholsky schwärmte: »Da stehe ich nun auf der Brücke und bin wieder mitten in Paris, in unser aller Heimat. Da fließt das Wasser, da liegst du, und ich werfe mein Herz in den Fluß und tauche in dich ein und liebe dich...«.

Paris

"Ein Fest fürs Leben"

Meist war es das volkstümliche, nostalgische Paris, das Filmemacher und Schriftsteller, Musiker und Maler in seinen Bann zog und dem sie ihre Werke widmeten. Ein halbes Jahrhundert fotografierte Robert Doisneau seine Stadt und fing ›das Pariserische‹ stärker ein als jeder andere. Bilder wie das vom Kuß eines Paares im Menschenstrom vor dem Hôtel de Ville wurden zur Idee von Paris schlechthin – wie die Chansons von Edith Piaf und Charles Aznavour, wie die Filme von Marcel Carné und Leos Carax, die Bücher von Colette und Léo Malet oder die Operetten von Jacques Offenbach.

Noch heute ist es nicht zuletzt dieses Bild von Paris, das die Stadt zum Mythos macht. Die Zeit von Toulouse-Lautrec, der die Damen des Moulin Rouge, die Atmosphäre von Montmartre und Pigalle in seinen Werken festhielt, die Zeit, in der auch der Cancan entstand, in der Paris den Ruf der sündigen Stadt besaß – in deren *Quartiers* es aber eigentlich wie auf dem Dorf zuging.

Seit dem Zweiten Weltkrieg ist der populäre Charakter der *Quartiers* verlorengegangen, das Paris der Belle Epoque und der Bohème ist unwiederbringlich Vergangenheit. Doch hat die Stadt nichts an Lebendigkeit verloren. Zuwanderer aus den ehemaligen Kolonien sorgen dafür, daß die französische Metropole in Bewegung bleibt. Hier leben Nordafrikaner ebenso wie Kreolen aus den überseeischen Territorien in der Karibik, Schwarzafrikaner aus den frankophonen Ländern des Kontinents ebenso wie Südostasiaten oder Chinesen. Die Seine-Metropole als multikulturelle Weltstadt profitiert von Marabuts und Rabbinern, Moscheen und Synagogen, chinesischen Buchhandlungen, arabischen Rundfunksendern und afrikanischen Plattenlabeln, von exotischen Restaurants und Märkten. – Und die Besucher können, wie ihre Bewohner, ohne teures Flugticket einen Ausflug nach Chinatown oder eine Reise nach Afrika unternehmen.

Doch auch für Paris gilt die Rede vom *melting pot* der Ethnien, Hautfarben und religiösen Überzeugungen nur bedingt. Viele der Einwanderer und Gastarbeiter gehören den unterprivilegierten Schichten an und werden mit Diskriminierung und Rassismus kon-

Rendez-vous im Park: Jardin du Luxembourg

frontiert, andere kamen nicht freiwillig und frohen Herzens, sondern als Verfolgte oder Vertriebene, müssen ihren Lebensunterhalt mit Gelegenheits- oder Schwarzarbeit bestreiten und leben unter unwürdigen Bedingungen in Abbruchhäusern oder Schlaftürmen.

Überdies ist das eigentliche Paris nur Bruchteil eines riesigen Ballungsraums mit knapp 11 Mio. Einwohnern, Tendenz steigend. Jeder fünfte Franzose lebt in der Hauptstadt, die meisten in den *nouvelles villes*, den Trabantenstädten der *banlieue*. Die Innenstadt innerhalb des Périphérique zählt nur 2,2 Mio. Einwohner und verliert stetig weitere, weil immer weniger sich Immobilien- und Mietpreise leisten können, den aggressiven Verkehr ertragen oder weiter zusehen wollen, wie sich die Stadt die Seele wegsaniert. Wie wird das Paris des dritten Jahrtausends aussehen? Tolerant, menschlich, integrationsfähig für Fremdes? Oder adrette Kulisse für Touristen – ein Stadtteil von Disneyland?

Schon in den 60er und 70er Jahren versetzten der Abriß der traditionsreichen Markthallen, des ›Bauchs von Paris‹, und der Bau von Centre Pompidou und Forum des Halles ganz Paris in Unmut. Das eigenwillige, an eine Raffinerie erinnernde Kulturzentrum und die ganz kommerziellen Interessen verpflichtete, unterirdische Einkaufspassage sorgten für eine völlige Restrukturierung des umliegenden Beaubourg-Viertels. Kritiker der Projekte sahen mit Bedauern die Veränderungen in dem noch kleinbürgerlich und nachbarschaftlich organisierten *Quartier*.

»Die Hauptstadt des 19. Jahrhunderts«, wie Walter Benjamin Paris nannte, eilt mit Riesenschritten ins dritte Jahrtausend. Doch hat kaum eine andere Epoche in der französischen Metropole so viele Spuren hinterlassen. Die großen Boulevards, die überdachten Passagen, die Bahnhöfe – Kathedralen des technischen Fortschritts –, der Eiffelturm, kleine und große Parks und vieles andere sind Errungenschaften jener Zeit. In kaum einer anderen Stadt aber ist auch so explizit für das 21. Jh. gebaut worden.

In den 80er Jahren beschleunigte sich das Tempo, in dem Paris für die Zukunft gerüstet wurde. Der

Wie ein Schiff im Strom: Pont Neuf und Ile de la Cité

Sozialist Mitterrand gab so viele monumentale Bauten in Auftrag, daß sich auch seine Anhänger an königliche Machtvollkommenheit erinnert fühlten – die Glaspyramide am Louvre, wohl der teuerste Eingang der Welt, trug ihm den Namen Mitterramses ein.

Zur Zweihundertjahrfeier der Französischen Revolution im Jahr 1989 wurden gigantische Bauten zu Ehren der *Ville lumière* und *Grande Nation* (oder ihres Präsidenten?) fertiggestellt: das Finanzministerium in Bercy, das einen ganzen Flügel für die Erweiterung des Louvre freimachte, das maurische Architekturelemente zitierende Institut für die Arabische Welt, der futuristische Wissenschaftspark in La Villette und die kolossale neue ›Volksoper‹ an der Bastille, jeweils umstritten und heftig diskutiert.

Spektakulärstes unter den Projekten war der neue Triumphbogen im öden Wolkenkratzerviertel La Défense. Vom Architekten als »Fenster zur Welt. Mit dem Blick auf die Zukunft« konzipiert, nimmt der innere Ausschnitt des Bogens die Maße des Ehrenhofs im Louvre wieder auf: Notre-Dame

fände darin Platz. Zugleich verlängert die Grande Arche die historische Achse durch Paris: vom Louvre über die Champs-Elysées, die »schönste Avenue der Welt«, bis nach La Défense.

Mag man manche Veränderungen wie den Verlust der Markthallen oder die Degradierung des Sentier-Viertels zur Kulisse (s. S. 88) eher mit einem weinenden als mit einem lachenden Auge betrachten und bedauern, daß Paris sein Gesicht in den letzten beiden Jahrzehnten tiefgreifend verändert hat – geblieben ist, daß die französische Hauptstadt niemals nur ein einziges besitzt. Als ›Stadt der hundert Dörfer‹ wurde die Weltstadt charakterisiert; gemeint war, daß jedes kleine Stadtviertel ein Eigenleben führte. Von der Verwaltung in 20 Bezirke eingeteilt, wird in Paris, beginnend mit dem 1. Arrondissement rund um den Louvre, schneckenförmig und im Uhrzeigersinn nach außen gezählt (in Klammern in arabischen Ziffern jeweils angegeben). Jeder dieser administrativen Stadtteile gliedert sich wiederum in vier *Quartiers*, die eigentliche Heimat der Pariser.

Die reichen *Beaux Quartiers* im Westen etwa trennen Welten vom armen und traditionell ›roten‹ Osten der Arbeiter. Die Zugezogenen bildeten einst regelrechte Kolonien in der Umgebung ihres Ankunftsbahnhofs: Bretonen am Montparnasse, Elsässer an der Gare de l'Est, Auvergnaten an der Bastille. Italiener wohnten nahe dem Rathaus, russische Emigranten an der Place des Ternes, und rund um die Rue des Rosiers lag das jüdische Viertel (Extra-Tour 2, s. S. 86).

Viel merkt man davon heute nicht mehr, die Stadt wandelt sich stetig, und statt Provinzlern bevölkern heute Trendsetter die Pariser ›Dörfer‹. Junge Modemacher und Designer siedelten sich rund um die Place des Victoires an. Das exotische Paris konzentriert sich in Belleville, im Barbès-Viertel und in der Chinatown des 13. Arrondissements. Künstler, Galeristen und Nachtvögel machten die Bastille und das Marais zu ›In‹-Vierteln: Heruntergekommene Werkstätten und Fabriketagen wurden zu lichten Lofts und gestylten Bars. Nachdem nun auch im bisher vernachlässigten Pariser Osten die Mieten ins Uferlose steigen, kehren einige bereits in das Viertel zurück, das einst Toulouse-Lautrec und Picasso zum Trendviertel erkoren – nach Montmartre. Redeten in den ›verrückten Zwanzigern‹ alle vom Montparnasse der *lost generation* und in den Fünfzigern vom Saint-Germain-des-Prés der Existentialisten, zieht es Eingeweihte heute wieder nach Pigalle.

Die Touristen schert's wenig – sie haben Moulin Rouge, Sacré-Cœur und Place du Tertre ohnehin nie ausgelassen. Doch trotz Notre-Dame und Eiffelturm, Invalidendom und Louvre – am nachhaltigsten verzaubert die Pariser Atmosphäre meist ganz unvermutet: während die Métro über die Hochbahn rattert oder bei einer Kanalfahrt durch Schleusen, beim Blick auf das berühmte Grau der Dächer oder bei der Sonnenpause im Jardin du Luxembourg. Paris macht tatsächlich glücklich, ob beim Fund auf dem Flohmarkt und der Parfümprobe im Kaufhaus, beim Sonnenuntergang am Seine-Quai oder dem *Petit Rouge* im Weinbistro, mit einer durchtanzten Nacht in der Disco oder Live-Jazz in der Kellerkneipe, einem Menü im ›Sterne‹-Lokal – oder einfach so.

9

Geschichte

3. Jh. v. Chr.	Auf einer Insel in der Seine, der heutigen Ile de la Cité, siedelt ein keltischer Stamm, den die Römer Parisii nennen.
52 v. Chr.	In »De Bello Gallico« erwähnt Caesar die Ansiedlung unter dem Namen Lutetia. Unter den Römern dehnt sich die Stadt auch auf das linke Ufer aus.
496	Der Frankenkönig Chlodwig aus dem Geschlecht der Merowinger erobert den Norden des romanisierten Gallien und residiert in Paris. Sein Übertritt zum Christentum legt den Grundstein zur Verschmelzung der fränkischen und gallischen Kultur.
771	Mit dem Aufstieg der Karolinger verlagert sich der Reichsmittelpunkt nach Osten. Karl der Große macht Aachen zur Reichshauptstadt.
987	Nach Jahrhunderten politischer Bedeutungslosigkeit steigt Paris unter Hugo Capet, der in Reims zum König der westlichen Hälfte des Karolingerreichs gekrönt wird, wieder zur Hauptstadt auf.
1180–1228	Unter Philipp August erlebt Paris einen mächtigen Aufschwung. Ein großer Markt wird dort etabliert, wo sich bis in die 60er Jahre des 20. Jh. die Hallen befanden, die erste Stadtmauer wird gebaut, der Louvre befestigt, die Sorbonne begründet.
15. Jh.	Nach dem Hundertjährigen Krieg gegen England verliert Paris an Bedeutung, die Könige ziehen das Loire-Tal vor, in dem prächtige Schlösser erbaut werden.

1527	Erst Franz I. residiert wieder in Paris, wo er u. a. den Bau des Rathauses veranlaßt.
16. Jh.	Während der blutigen Religionskriege zwischen Katholiken und Hugenotten tritt der Bourbone und Protestant Heinrich IV. zum Katholizismus über.
1682	Ludwig XIV. verlegt seinen Hof nach Versailles und läßt das kleine Jagdschloß zum prunkvollsten Schloß Europas ausbauen. Kriege und die aufwendige Hofhaltung führen fast zum Staatsbankrott.
1789	Die Französische Revolution beginnt am 14. Juli mit der Erstürmung des Bastille-Gefängnisses. Adelsprivilegien werden abgeschafft, die Menschenrechte erklärt und Frankreich zur Republik ausgerufen. 1793 stirbt der König unter der Guillotine.
1852–1870	Napoleon III. wird zum Kaiser gekrönt. Unter seiner Regie und der seines Präfekten Baron Haussmann erfährt das Pariser Stadtbild die tiefgreifendsten Veränderungen in seiner Geschichte. Städtebaulichen Maßnahmen wie der Anlage der breiten Boulevards fallen ganze gewachsene Viertel zum Opfer.
1889/1900	Für die großen Weltausstellungen 1889 und 1900 werden Eiffelturm und Métro gebaut.
1940–1944	Deutsche Truppen ziehen in Paris ein. Bei der Befreiung kämpfen die Résistance und Truppen der Alliierten gemeinsam gegen die Besatzer.
1968	Mai-Revolte der Pariser Studenten
1981–1995	Der sozialistische Staatspräsident François Mitterrand gibt monumentale Bauten in Auftrag, darunter die Glaspyramide am Louvre, das Finanzministerium, den Wissenschaftspark in La Villette, die Grande Arche in La Défense, die Bastille-Oper und die neue Nationalbibliothek.
1995	Jacques Chirac, fast zwei Jahrzehnte Bürgermeister von Paris, wird zum Staatspräsidenten gewählt.
2000	Für die Millenniumsfeiern geplant: ein 12 km langer Fußweg entlang der Seine-Quais, zwei neue Fußgängerbrücken, mehr Radwege.
2004	Eröffnung des Musée des Arts Premiers

Gut zu wissen!

Anrede: Leicht wird als Unhöflichkeit, Grobheit oder Beleidigung gewertet, was in Deutschland, vor allem bei jüngeren Leuten, längst Usus ist. Der gesellschaftliche Umgang wird in Frankreich sehr förmlich gehandhabt, so wird die Benutzung von Titeln (*Monsieur le Président, Madame le Directeur*) als korrekte Anrede erwartet. Auch beim Siezen sollte man bleiben, bis das Gegenüber das Duzen anbietet. In Läden sollte ein Grußwort (*bonjour, Madame, au revoir, Monsieur*) das Eintreten und Verlassen begleiten.

Chic: Großer Wert wird auf gepflegte Kleidung in Restaurant, Theater und Oper gelegt. Zwar geht es auch in unserem Nachbarland inzwischen legerer zu, doch was bei uns schon schick wirkt, ist in Paris alltäglich.

Essen gehen: In Restaurants ist es nicht üblich, daß die Gäste sich selbst einen freien Tisch aussuchen. Man wartet, bis der Ober einen Platz vorschlägt. Die Bedienung sollte niemals mit *Garçon* angesprochen werden, sondern mit *Madame* bzw. *Monsieur*.

Ebenfalls als Fauxpas gilt, sich zu anderen Gästen an den Tisch zu setzen. Whisky oder Bier als Aperitif gelten als barbarisch; ebensowenig ist es üblich, nach dem Essen noch eine weitere Flasche Wein zu bestellen und gemütlich weiterzutrinken. Verzichten sollte man auch auf eine gesonderte Abrechnung, wenn man zu mehreren essen war.

Frauen: Paris unterscheidet sich wenig von anderen Großstädten. Nachts sollten abgelegene, menschenleere oder schlecht beleuchtete Gegenden und unsichere Stadtteile in den Vororten gemieden werden. Tagsüber sollten Flirtversuche skeptisch beurteilt werden – möglicherweise ist es professionelle Anmache (um das Portemonnaie zu stehlen, sich etwas bezahlen zu lassen o. ä.).

Look: Viele der Pariser Diskotheken und Nachtclubs haben harte Gesichtskontrollen, härter als in London oder New York, behaupten zumindest die Franzosen selbst. Binnen weniger als einer Sekunde hat das gnadenlose Auge hinter dem Guckloch für wert befunden oder aussortiert, schließlich hängt an der Exklusivität das ganze Image des Clubs. Wer nicht berühmt ist, sollte daher dem abendlichen Dresscode besondere Aufmerksamkeit widmen. Dabei ist es schick niemals falsch, aber auch keine Erfolgsgarantie. Zerlöcherte Jeans oder Turnschuhe stellen jedoch ein ernsthaftes Hindernis dar. Originell, besser noch exzentrisch, und witzig sollte das Outfit eines echten Nachtvogels sein: Das Gros der Türsteher (*physionomistes*), meist Frauen übrigens, mögen es, wenn

Toujours l'amour! Die Seine-Quais als Kulisse

man sie zum Schmunzeln bringt. Viel nackte Haut oder hervorblitzende Spitzen-BHs können bei hübschen Mädchen nie schaden. Ein anderer Trick: früh da sein, so um Mitternacht, dann ist die Konkurrenz am Eingang geringer – es ist allerdings auch überhaupt nicht hip, vor zwei Uhr zu kommen.

Rauchen: Obwohl Frankreich relativ restriktive Antirauchergesetze erlassen hat, werden diese in der Praxis eher lax gehandhabt. So ist in Métro-Stationen das Rauchen verboten, muß jedes Restaurant oder Café einen getrennten Nichtraucherbereich ausweisen. Im Extremfall kann sich dieser aber auf ein Schild mit der Aufschrift *Non-fumeur* beschränken, das bei Bedarf auf einem Tisch plaziert wird.

Tarife: Für fast alle Cafés gelten dreierlei Preise: An der Bar im Stehen sind die Tarife niedriger als am Tisch mit Bedienung, noch teurer ist es auf der Terrasse. Manche Lokale erhöhen nach 22 Uhr.

Toiletten: Die gußeisernen Pissoirs, *vespasiennes* genannt, gibt es leider nicht mehr. Dafür wurden in Paris an vielen Stellen öffentliche WCs mit Musikberieselung aufgestellt (*sanisettes*), die nach der Benutzung automatisch desinfiziert werden (Benutzung 2 FF).

Trinkgeld: Obwohl die Bedienung im Preis inbegriffen ist, sollten im Café ein paar Francs, im Restaurant etwa 5% des Rechnungsbetrages, mindestens aber 10 FF, als Trinkgeld gegeben werden. Auch Taxifahrer, Stadtführer, Hotelpersonal und Garderobieren erwarten ein Trinkgeld.

Verliebte: Die romantischsten Plätze sind der Square du Vert-Galant an der Spitze der Ile de la Cité mit stimmungsvollem Blick auf den Louvre; die Seine-Quais, wo keine Straße sie in Anspruch nimmt; der Pont des Arts, die Treppen unterhalb von Sacré Cœur; alle Parks, besonders aber die Tuilerien und der Jardin du Luxembourg; das Café Marly abends, wenn Louvre und Pyramide erleuchtet sind; der Blick vom Eiffelturm, nachdem man zu Fuß die Treppen hinaufgeklettert ist.

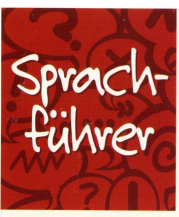

Sprach-führer

1	un	16	seize
2	deux	17	dix-sept
3	trois	18	dix-huit
4	quatre	19	dix-neuf
5	cinq	20	vingt
6	six	30	trente
7	sept	40	quarante
8	huit	50	cinquante
9	neuf	60	soixante
10	dix	70	soixante-dix
11	onze	80	quatre-vingt
12	douze	90	quatre-vingt-dix
13	treize		
14	quatorze	100	cent
15	quinze	1000	mille

Zeit

Sonntag	dimanche
Montag	lundi
Dienstag	mardi
Mittwoch	mercredi
Donnerstag	jeudi
Freitag	vendredi
Samstag	samedi
Feiertag	jour de fête
Minute	minute
Stunde	heure
Tag	jour
Woche	semaine
Monat	mois
Jahr	année
Frühling	printemps
Sommer	été
Herbst	automne
Winter	hiver
heute	aujourd'hui
gestern	hier
vorgestern	avant-hier
morgen	demain
übermorgen	après-demain
morgens	le matin
mittags	à midi
nachmittags	l'après-midi
abends	le soir
nachts	la nuit
nach	après
vor	avant
früh/spät	tôt/tard

Unterwegs in der Stadt

Haltestelle	arrêt
Bus	bus, car
erklären	expliquer
kommen	venir
gehen	aller
Eingang	entrée
Ausfahrt	sortie
zeigen	montrer
bei	chez
links	à gauche
rechts	à droite
geradeaus	tout droit
hier/dort	ici/là
Stadtplan	plan de ville
fragen	demander
antworten	répondre
Auskunft	information
Vorsicht	attention
bar	en espèces
Wechsel	change
Betrag	somme
Geld	argent
Scheck	chèque
Kreditkarte	carte de crédit
kaufen	acheter
Geschäft	magasin
Bank	banque
Telefon	téléphone
Post	poste
Bahnhof	gare
Flughafen	aéroport

Die wichtigsten Sätze

Wie komme ich nach ...?	Comment j'arrive à ...?
Wieviel kostet das?	Ça coûte combien?
Wo finde ich...	Où est-ce que je peux trouver...?
Ich brauche...	J'ai besoin de...
Wann öffnet/schließt ...?	Quand ouvre/ferme ...?
Haben Sie ein freies Zimmer?	Avez-vous une chambre de libre?
Sprechen Sie Deutsch/Englisch?	Parlez-vous l'allemand/l'anglais?
Wo kann ich den Wagen parken?	Où puis-je garer ma voiture?
Ich möchte Geld wechseln	Je voudrais changer de l'argent
Können Sie mir helfen?	Pourriez-vous m'aider?

Im Hotel

guten Tag	bonjour
guten Abend	bonsoir
bitte	s'il vous plaît
danke	merci
Entschuldigung	pardon
Aufenthalt	séjour
Übernachtung	nuit
Zimmer	chambre
für eine Person	pour une personne
Bad	salle de bains
Dusche	douche
Doppelbett	grand lit
Einzelbetten	deux lits
Schlüssel	clé
Handtücher	serviettes
Aufzug	ascenseur
Gepäck	bagages
Paß	passeport
Ausweis	carte d'identité
Quittung	facture
Empfang	réception
wecken	réveiller
Preis	prix
Rechnung	note
Name	nom
Vorname	prénom
verheiratet	marié
ledig	célibataire
Ankunft	arrivée
Abfahrt	départ
Auto	voiture
Parkplatz	parking

Im Restaurant

Frühstück	petit déjeuner
Mittagessen	déjeuner
Abendessen	dîner
Mahlzeit	repas
essen	manger
trinken	boire
Tisch	table
reservieren	réserver
Messer	couteau
Gabel	fourchette
Löffel	cuillère
Teelöffel	petite cuillère
Teller	assiette
Flasche	bouteille
Glas	verre
Speisekarte	carte, menu
Weinkarte	carte des vins
Vorspeise	hors d'œuvre
Hauptgericht	plat principal
Tagesgericht	plat du jour
Nachspeise	dessert
zahlen	payer
Rechnung	addition
Diät	régime
vegetarisch	végétarien
Wasser	de l'eau
Getränk	boisson
mit Kohlensäure	gazeux

ℹ️ Reise-Service

Information

...in Deutschland
Maison de la France
Westendstr. 47
60325 Frankfurt/Main
Tel. 01 90 / 57 00 25
Fax 01 90 / 59 90 61

...in Österreich
Maison de la France
Argentinier Str. 41 a
1040 Wien
Tel. 01/503 28 90
Fax 01/503 28 71

...in der Schweiz
Maison de la France
Löwenstr. 59
8023 Zürich
Tel. 01/211 30 85
Fax 01/212 16 44

...in Paris
Office de Tourisme (C 3)
127, av. des Champs-Elysées (8e)
Tel. 08 36 68 31 12
Fax 01 49 52 53 00
Métro: Charles de Gaulle-Etoile
Tgl. 9–20 Uhr
Informationen über Events, Ausflüge, Stadtrundfahrten; Stadtpläne, Hotel- und Restaurantverzeichnisse, Zimmerreservierungen (ab Zwei-Sterne-Hotels). Filialen: Gare du Nord, Gare de Lyon (Mo–Sa 8–20 Uhr), Eiffelturm (Mai–Sept. 11–18 Uhr) und im Carrousel du Louvre (Mi–Mo 10–19 Uhr).

...im Internet
www.paris-france.org
www.paris.org
www.pariscope.fr
www.timeout.com
www.parisnet.com
www.paris-touristoffice.com
www.yopp.net
www.dumontverlag.de

Reisezeit

Die schönsten Monate für eine Parisreise sind Mai, Juni und September, dann sind auch die Nächte noch lau genug für Verliebte, aber auch Juli und August, wenn halb Paris in die Ferien aufbricht, können ihre Reize haben. Der Herbst bietet die größte Vielfalt an kulturellen Angeboten, und vor Regenschauern läßt es sich schnell in Kaufhäuser, Passagen oder Museen flüchten. Im Winter fallen die Temperaturen selten unter den Gefrierpunkt, im Januar und Februar regnet es jedoch häufig (www.meteo.fr).

Einreise

EU-Bürger und Schweizer benötigen einen gültigen Reisepaß oder Personalausweis. Auch wenn nicht mehr vorgeschrieben, sollte bei der Anreise mit dem Auto die Grüne Versicherungskarte mitgenommen werden. Obwohl Frankreich das Schengener Abkommen unterzeichnet hat, benötigt man für eine Verweildauer von mehr als drei Monaten eine Aufenthaltserlaubnis (*carte de séjour*).

Anreise

Mit dem Flugzeug

Von allen großen Flughäfen Deutschlands, Österreichs und der Schweiz wird Paris mehrmals täglich angeflogen, meist der Flughafen Charles de Gaulle 25 km nördlich von Paris. Orly, der zweite internationale Flughafen von Paris, liegt 16 km südlich (www.adp.fr).

Für den **Transfer in die Stadt** gibt es mehrere Möglichkeiten.
RER: Vom Flughafen Charles de Gaulle-Roissy (Terminal 1 und 2) mit der RER-Linie B u.a. Verbindung zu den Stationen Gare du Nord und Châtelet-Les Halles (40 Min.), etwa alle 15 Min., 5–24 Uhr, 48 FF). Von Orly fährt die RER-Linie Orlyval zur Gare d'Austerlitz (35 Min.), alle 15–20 Min., 6–23.30 Uhr, 57 FF.
Air-France-Busse fahren von beiden Flughäfen in die Stadt und zurück. Ab Charles de Gaulle-Roissy über Porte Maillot und Etoile etwa alle 12 Min., Fahrzeit 40 Min. (6–23 Uhr, 60 FF), oder ein- bis zweimal stündlich zur Gare Montparnasse, Fahrzeit 50 Min. (7–21 Uhr, 70 FF); ab Orly etwa alle 12 Min., Fahrzeit 30 Min. (6–23 Uhr, 45 FF).
RATP-Busse: Roissybus bis zur alten Oper alle 15 Min. (6–23 Uhr, 45 Min., 45 FF), Orlybus zur Place Denfert-Rochereau alle 15 Min. (6–23 Uhr, 25 Min, 30 FF).
Taxis erheben an Flughäfen (und Bahnhöfen) sowie für jedes Gepäckstück einen Zuschlag. Ab Charles de Gaulle-Roissy etwa 230 FF, ab Orly etwa 150 FF.
Auskunft: Flughafen Charles de Gaulle, Tel. 01 48 62 22 80; Flughafen Orly, Tel. 01 49 75 15 15.

Mit der Bahn

Das Ticket Paris-Spezial (35% Ermäßigung, nur in Deutschland) gibt es zu festen Reiseterminen auf den Strecken Dresden–Leipzig–Frankfurt/M.–Paris und München–Stuttgart–Paris; preiswert gelangt man auch mit dem schnellen Thalys (7 x tgl.) nach Paris, der für die Strecke von Köln nur 4 Std. benötigt (ab 128 DM).

Paris besitzt sechs Kopfbahnhöfe: An der **Gare du Nord** (J 1) kommen Züge aus Belgien, England und Norddeutschland an, an der **Gare de l'Est** (K 2) aus Süddeutschland, Österreich und der Schweiz. SNCF Auskunft und Reservierung Tel. 01 45 82 50 50, www.sncf.fr. An allen Bahnhöfen kann man direkt in Métro, RER oder Taxis umsteigen.

Mit dem Auto

Bei der Anreise von Norden sind etwa 70 FF **Autobahngebühren** (*péage*) einzukalkulieren, bei der Anreise von Osten 180 FF, die auch mit Kreditkarte bezahlt werden können.
Verkehrsregeln: Geschwindigkeitsbegrenzung auf Autobahnen 130 km/h (110 km/h bei nasser Fahrbahn), auf Schnellstraßen 110 (90) km/h, auf Landstraßen 90 (80) km/h, innerhalb von Orten 50 km/h. Die Alkoholgrenze liegt bei 0,5 Promille. Wer den Führerschein noch kein Jahr besitzt, darf nicht schneller als 90 km/h fahren.

Mit dem Bus

Viele Busunternehmen bieten preiswerte Städtetouren an, meist Wochenendpauschalangebote mit Hotel. Tip: Auf die Lage der Hotels achten, die sehr günstigen Angebote gelten meist für Kettenhotels am Stadtrand.

Behinderte

Das CNFLRH, 38, bd. Raspail, 75007 Paris, gibt die Broschüre »Paris pour tous« heraus, mit Tips für Anreise, Unterkunft, Telefone, WCs, ärztliche Versorgung (60 FF).

ⓘ Reise-Service

Unterwegs in Paris

Mit dem Taxi

In Paris kann man Taxis über die Funkzentralen telefonisch bestellen oder vorbeifahrende Wagen heranwinken. Es gibt drei Tarife, A gilt tagsüber, B nachts, So und feiertags, C für Fahrten außerhalb des eigentlichen Stadtgebiets. Man muß auf dem Rücksitz Platz nehmen. Die Tarife sind im Vergleich europäischer Großstädte günstig. Zuschläge für Gepäck sowie für Fahrten von und zu Bahnhöfen oder Flughäfen. Das Trinkgeld sollte 10–15 % des Fahrpreises betragen.

Taxiruf per Telefon
Radio Etoile: Tel. 01 42 70 41 41
Taxis Bleus: Tel. 01 49 36 10 10
Taxis Lutèce: Tel. 01 46 45 94 94

Mit Métro und RER

Das Pariser U-Bahn- und S-Bahn-Netz (www.ratp.fr) ist übersichtlich und sehr dicht. Die Züge der **Métro** verkehren zwischen 5.30 und 1 Uhr und sind das schnellste und preiswerteste Verkehrsmittel in Paris. Ein einzelnes Ticket gilt für den gesamten Stadtbereich, einschließlich Umsteigen. Ein *Carnet* (Zehnerblock) ist günstiger (52 FF) als einzelne Fahrscheine (8 FF). Bei der *Carte Orange* (Wochen- und Monatskarte, mit Paßbild, ab 80 FF bzw. ab 271 FF) richten sich die Tarife nach der Anzahl der (maximal fünf) Zonen, für die die Karte gültig sein soll.

Die fünf Pariser **S-Bahn-Linien** (RER A, B, C, D und E), innerstädtisch mit dem Métro-Netz verbunden, bedienen die Vororte (wie La Défense oder Saint-Denis), die Flughäfen, Versailles und Disneyland. Innerhalb des Stadtzentrums gelten normale Métro-Tickets, außerhalb sind die Tarife gestaffelt. Dort muß man das Billet aufbewahren, um beim Verlassen der Station die automatische Sperre damit öffnen zu können.

Die Tageskarte *Mobilis* und das Besucherticket *Paris-Visite* für ein, zwei, drei oder fünf Tage sind in RER, Métro und Bus gültig und gewähren zusätzlich ermäßigten Eintritt in einigen Museen, Preise nach Zahl der Zonen gestaffelt.

Mit dem Bus

Für Busse gelten dieselben Fahrkarten wie für die U-Bahn, allerdings sind die Tarife gestaffelt, so daß man ab mehr als zwei Zonen zwei Tickets benötigt – im Bus zu entwerten (Dauerkarten nur vorzeigen). Beim Fahrer können nur Einzeltickets gelöst werden. Busse verkehren Mo–Sa etwa 6.30–20.30 Uhr, einige wenige Linien auch bis Mitternacht. Es gelten gesonderte Sonntagsfahrpläne.

Zehn **Nachtbuslinien** (*Noctambus*) starten von der Place du Châtelet (av. Victoria) etwa stündlich zwischen 1.30 und 5.30 Uhr Richtung Peripherie und zurück. Haltestellen sind an Schildern mit einer Eule zu erkennen, die Busse müssen jedoch per Handzeichen gestoppt werden.

Mit Auto oder Vespa

In Paris sollte man seinen Wagen in einem Parkhaus abstellen. In der Stadt kommt man mit Métro und Bus schneller durchs Verkehrsgewühl, entgeht der leidigen Parkplatzsuche und dem Gewirr der vielen Einbahnstraßen.

An Parkuhren (*horodateurs*) müssen Parkscheine gelöst werden und gut sichtbar innen an die Windschutzscheibe gelegt werden (bis zu 20 FF pro Std.). So, feiertags und im August ist das Parken frei. Gelbe Streifen am Fahrbahnrand signalisieren Parkverbot.

Alle großen **Autovermieter** haben Filialen an den Flughäfen und in der Innenstadt. **Avis:** www.avis.com, **Hertz:** www.hertz.com, **Sixt:** www.sixt.com
Praktisch und schnell sind Vespas, weil man sich durch den Berufsverkehr schlängeln kann: Vespa- (*scooter*) und Motorradvermietung: **Contact Location,** 10bis, av. de la Grande Armée (17e), Tel. 01 47 66 19 19.

Mit dem Boot

Klassische **Seine-Fahrten** (Kommentar in verschiedenen Sprachen, Dauer 1 Std., Abfahrt je nach Jahreszeit etwa alle halbe Stunde, 10–22 Uhr) werden von mehreren Gesellschaften organisiert und starten am Eiffelturm (Pont d'Iéna), am Pont de l'Alma und am Square du Vert Galant (Ile de la Cité).
Batobus: Der ›Wasserbus‹ hält an sechs Stellen zwischen Eiffelturm und Louvre (April–Okt. 10–19 Uhr, Juni, Juli, Aug. bis 21 Uhr, Tages-Ticket 60 FF, 2-Tage-Ticket 90 FF).

Eine **Kanalfahrt** ab dem Jachthafen des Port de l'Arsénal an der Bastille führt durch unterirdische Gewölbe und die Schleusen des Canal Saint-Martin bis zum Parc de la Villette (auch in umgekehrter Richtung): **Canauxrama,** Port de l'Arsénal (12e) und 13, quai de la Loire (19e), Tel. 01 42 39 15 00, Dauer 3 Std., Abfahrt 9.45 und 14.45 Uhr am Bassin de la Villette,

Métro: Jean-Jaurès, oder 9.45 und 14.30 Uhr am Port de l'Arsénal, Métro: Bastille (nur im Sommer).

Stadtrundfahrten

Traditionelle Sightseeing-Fahrten bieten mehrere Busunternehmen an (von Zwei-Std.-Touren bis zu Ausflügen nach Versailles).
Cityrama: 4, place des Pyramides (1er), Tel. 01 44 55 61 00, www.cityrama.com, Métro: Pyramides oder Palais-Royal.
Paris Vision: 214, rue de Rivoli (1er), Tel. 01 42 60 30 01, www.parisvision.com, Métro: Tuileries.
Eine Alternative sind die **Cars Rouges:** rote Doppeldeckerbusse von Parisbus, bei denen das Aus- und erneute Zusteigen an neun Sehenswürdigkeiten möglich ist. Fahrkarte zwei Tage gültig, Dauer etwa 2 Std. 15 Min. Ab Trocadéro 10.20 Uhr, ab Eiffelturm 10.45 Uhr alle 50 Min., Tel. 01 42 30 55 50.
Balabus: April–Sept. So und feiertags 13.30–20.30 Uhr, Fahrtdauer 70 Min., Tel. 01 43 46 13 13, Besichtigungstour mit einer städtischen Buslinie. Ab Gare de Lyon, Stopps u. a. bei Place des Vosges, Saint-Michel, Musée d'Orsay, Louvre, Concorde, Champs-Elysées, La Défense. Man kann zwischendurch aussteigen und mit einem späteren Bus weiterfahren.
Eine ungewöhnliche Alternative sind Rundfahrten mit dem Rad:
Paris-Vélo: 2, rue du Fer-à-Moulin (5e), Tel. 01 43 37 59 22, Métro: Censier-Daubenton. Fahrradverleih, geführte Stadtrundfahrten mit Rädern.
Paris à vélo c'est sympa: 37, bd. Bourdon (4e), Tel. 01 48 87 60 01, www.parisvelosympa.com, Métro: Bastille. Geführte Halbtages- und Abendradtouren mit Rädern.

Zu Gas

Logieren in bezahlbaren Hotels mit Charme, Schlemmen in Bistros und Brasserien, Mode-Shopping von Chanel bis Gaultier, Nightlife mit Worldmusic im Zénith, Jazz im New Morning oder vertanzten Nächten in Balajo und Les Bains, Kulturgenuß in der Oper an der Bastille, den Theatern der Cartoucherie oder im Hemisphärenkino, Sightseeing von Eiffel-

in Paris

turm bis Louvre, von Montmartre bis La Défense. Gitternetz-
angaben bei allen Adressen und die große Extra-Karte helfen
bei der problemlosen Orientierung. Auf die Paris-Highlights
werden Sie in der Karte förmlich mit der Nase gestoßen. Wer
mit Paris aus ungewöhnlicher Perspektive auf Tuchfühlung
gehen will, sollte sich von den Extra-Touren leiten lassen.

Französische Hotels werden von null bis zu vier Sternen klassifiziert, darüber gibt es noch eine Vier-Sterne-Luxuskategorie. Vier-Sterne-Hotels entsprechen höchsten Ansprüchen. Drei-Sterne-Hotels müssen über Aufzug und Telefon im Zimmer verfügen. In Mittelklassehotels kann man meist zwischen Bad oder Dusche wählen, wobei Zimmer mit Bad etwas teurer sind.

Reservierung

In Paris ist es das ganze Jahr über ratsam, ein Zimmer zu reservieren, besonders frühzeitig für Feiertage. Am einfachsten geschieht dies per Fax unter Angabe der Kreditkartennummer. Einige Hotels bitten um eine Anzahlung per Scheck. Da Paris das ganze Jahr über ein beliebtes Reiseziel ist, gibt es kaum Rabatte wie Wochenend- oder Nebensaisontarife.

Einfache Hotels für bescheidene Ansprüche haben meist sehr kleine Zimmer, die nur wenig Bewegungsfreiheit lassen und zudem teilweise nur mit Waschbecken ausgestattet sind. Die französischen Hotelkategorien geben jedoch keine Auskunft über Freundlichkeit des Service, Geschmack der Ausstattung oder die Lage. Zimmer sind meist mit einem Doppelbett ausgestattet; wer getrennte Betten haben möchte, muß dies bei der Buchung angeben.

Die Preise verstehen sich pro Zimmer, Einzelzimmer unterscheiden sich meist gar nicht oder nur geringfügig von Doppelzimmern. Das Frühstück muß i. a. extra bezahlt werden. Euroschecks werden nur selten von Hotels akzeptiert, gezahlt werden kann bar oder mit Kreditkarte. Kaum ein Haus der einfachen Kategorie und der Mittelklasse verfügt über eine eigene Parkmöglichkeit. Seit 1994 wird eine geringe, vom Zimmerpreis abhängige Kurtaxe erhoben, die nicht immer schon im Preis inbegriffen ist.

Im folgenden werden nur Hotels im Stadtzentrum (also im 1. bis 8. Arrondissement) von Paris empfohlen, die so zentral liegen, daß man viel zu Fuß unternehmen kann. Mit zwei Ausnahmen: Hotels im 11. Arrondissement sind via Métro Bastille auch zentral gelegen und bieten für Nachteulen Szenelokale direkt vor der Haustür. Hotels am Montmartre (18e) sind wegen des wunderbaren Blicks und der dörflichen Atmosphäre ebenso attraktiv, auch wenn der Weg ins Zentrum etwas weiter ist. Die empfohlenen Hotels sind innerhalb der Preiskategorien alphabetisch geordnet.

In Paris gibt es rund 1500 Hotels. Wer auf eigene Faust sucht:

Günstig	Doppelzimmer (DZ) 180–350 FF (90–175 €)
	Einzelzimmer 120–300 FF (60–150 €)
Moderat	Doppelzimmer 350–800 FF (175–400 €)
	Einzelzimmer 300–650 FF (150–325 €)
Teuer	Doppelzimmer 800–1200 FF (400–600 €)
	Einzelzimmer 600–1000 FF (300–500 €)
Luxus	Doppelzimmer über 1200 FF (600 €)
	Einzelzimmer über 1000 FF (500 €)
	Suiten per Nachfrage

Alle Preise beziehen sich auf die Saison 1999/2000

Das **Office de Tourisme** (s. S. 16) gibt ein fast vollständiges Hotelverzeichnis heraus, geordnet nach Arrondissements. Im 9. (das Arrondissement mit den meisten Hotels) findet man eine große Auswahl von Zwei-Sterne-Hotels, im 17. kann man in ruhigen, weniger bekannten, gleichwohl gepflegten Hotels unterkommen. Im 8. liegen die meisten Luxus- und Vier-Sterne-Hotels, gefolgt vom schicken 1. und 7. Arrondissement. Im 10., rund um die Bahnhöfe Gare de l'Est und Gare du Nord, lassen sich neben schäbigen Absteigen preiswerte, sehr einfache, aber durchaus akzeptable Unterkünfte finden. Im 5. gibt es zahlreiche populäre Studenten- und Ein-Stern-Hotels für schmale Brieftaschen, im 6. viele stilvolle Drei-Sterne-Hotels mit Charakter. Im Marais am rechten Ufer (4e) finden sich außerordentlich günstig (ruhig und zentral) gelegene und attraktive Hotels zu vernünftigen Preisen in historischen Gebäuden. In den Randbezirken nahe dem Périphérique bieten die modernen Hotels der großen Ketten (Formula 1, Ibis, Campanile) teils sehr günstige, wenn auch gesichtslose Zimmer an.

Günstig (ab 180 FF)

In dieser günstigsten Hotelkategorie entsprechen die Preise von 180–350 FF pro Doppelzimmer etwa denen einer Übernachtung im Jugendhotel. An Komfort und Ausstattung sollten daher auch keine höheren Erwartungen gestellt werden.

Andréa (J 5)

3, rue Saint-Bon (4e)
Tel. 01 42 78 43 93 (kein Fax)
Métro: Hôtel de Ville
EZ 250–330 FF, DZ 330–360 FF
Zwei-Sterne-Hotel mit 26 sehr einfachen Zimmern nahe dem Centre Pompidou. Vorteil: Das Hotel liegt ganz zentral und doch recht ruhig in einer Seitensackgasse der Rue de Rivoli.

Castex (K 6)

5, rue Castex (4e)
Tel. 01 42 72 31 52
Fax 01 42 72 57 91
Métro: Bastille
EZ 270–290 FF, DZ 320–360 FF
Preiswertes, familiäres Zwei-Sterne-Hotel mit 27 einfachen Zimmern. Es liegt in einer ruhigeren Ecke des Marais, doch unweit der Bastille (mehrere Métrolinien!).

Hotels

Henri IV (H 5)
25, place Dauphine (1er)
Tel. 01 43 54 44 53
Métro: Pont-Neuf
EZ 120–150 FF, DZ 180–265 FF
Auf der Ile de la Cité an der hübschen Place Dauphine im Herzen von Paris, ein ganz einfaches Hotel, WC und Bad auf dem Flur (der Preis entspricht dem für's Zelten!).

Malar (D 5)
29, rue Malar (7e)
Tel. 01 45 51 38 46
Fax 01 45 55 20 19
Métro: La Tour-Maubourg
DZ 340–420 FF
Ein-Stern-Hotel mit 17 Zimmern, etwas ab vom Schuß im Ministerienviertel unweit des Eiffelturms, ruhig und fast provinziell wirkend.

Pratic (K 6)
9, rue d'Ormesson (4e)
Tel. 01 48 87 80 47
Fax 01 48 87 40 04
Métro: Saint-Paul
EZ 200–280 FF, DZ 250–360 FF
Einfaches Hotel mitten im Marais an der hübschen Place du Marché Sainte-Catherine.

Les Sans-Culottes (L 6)
27, rue de Lappe (11e)
Tel. 01 49 23 85 80
Fax 01 48 05 08 56
Métro: Bastille
EZ 300 FF, DZ 350 FF
Wie ein charmantes Provinzhotel wirkendes Haus mit zehn kleinen, sehr einfachen Zimmern an der nächtlich belebten Rue de Lappe, ideal zum Ausgehen, gutes Bistro.

Stanislas (F 7)
5, rue du Montparnasse (6e)
Tel. 01 45 48 37 05
Fax 01 45 44 54 43
Métro: Notre-Dame-des-Champs
EZ 300 FF, DZ 330–350 FF

Zwei-Sterne-Hotel mit 18 kleinen Zimmern mit Bad oder Dusche, zwischen Tour Montparnasse und Jardin du Luxembourg.

Tiquetonne (J 4)
Rue Tiquetonne (2e)
Tel. 01 42 36 94 58
Fax 01 42 36 02 94
Métro: Etienne-Marcel
EZ, DZ 150–250 FF
Ein-Stern-Hotel in der neuen Fußgängerzone rund um die Marktstraße Rue Montorgueil, recht hellhörig, sehr einfach und etwas angestaubt, zum Teil große Zimmer.

De la Vallée (J 4)
84, rue Saint-Denis (1er)
Tel. 01 42 36 46 99
Fax 01 42 21 44 08
Métro: Etienne-Marcel
EZ 160–290 FF, DZ 210–300 FF
Zentral, Ein-Stern-Hotel in der Fußgängerzone zwischen Forum des Halles und Centre Pompidou, Zimmer nach hinten ruhig, 32 Zimmer, nur z. T. mit Bad/Dusche.

Moderat (ab 350 FF)

De la Bretonnerie (J 5)
22, rue Sainte-Croix de la Bretonnerie (4e)
Tel. 01 48 87 77 63
Fax 01 42 77 26 78
Métro: Hôtel de Ville
DZ 650–950 FF
Drei-Sterne-Hotel mit 31 Zimmern in einem Gebäude des 17. Jh., zentral, dennoch ruhig, im Marais nicht weit vom Centre Pompidou.

Du Cygne (J 4)
3–5, rue du Cygne (1er)
Tel. 01 42 60 14 16
Fax 01 42 21 37 02
Métro: Etienne-Marcel
EZ 300–380 FF, DZ 420–500 FF

Zwei-Sterne-Hotel in der Fußgängerzone nahe dem Forum des Halles, mit 20 Zimmern in englisch-gemütlichem Stil.

Grand Hôtel de Besançon (H 4)

56, rue Montorgueil (2e)
www.gd-besancon.com
Tel. 01 42 36 41 08
Fax 01 45 08 08 79
Métro: Les Halles, Etienne-Marcel
EZ 650 FF, DZ 680–790 FF
Zwei-Sterne-Hotel in der lebendigen Marktstraße und Fußgänger-zone nahe dem Forum des Halles, 20 unaufdringlich ausgestattete Zimmer, Rezeption im ersten Stock.

Grand Hôtel Jeanne d'Arc (K 6)

3, rue de Jarente (4e)
Tel. 01 48 87 62 11
Fax 01 48 87 37 31
Métro: Saint-Paul
EZ 300–440 FF, DZ 440–590 FF
Zwei-Sterne-Hotel mit 36 kleinen Zimmern im Marais. Die hübsche Place du Marché Sainte-Catherine liegt um die Ecke. Freundlich-sympathischer Service.

Grand Hôtel Malher (K 5)

5, rue Malher (4e)
Tel. 01 42 72 60 92
Fax 01 42 72 25 37
Métro: Saint-Paul
EZ 480–620 FF, DZ 580–730 FF
Kleines Zwei-Sterne-Hotel mit 31 Zimmern im Marais, unweit von Bastille, Place des Vosges und Picasso-Museum gelegen. Frühstück im Gewölbekeller.

Des Grandes Ecoles (J 7)

75, rue du Cardinal-Lemoine (5e)
Tel. 01 43 26 79 23
Fax 01 43 25 28 15
Métro: Cardinal-Lemoine
EZ 490–550 FF, DZ 520–700 FF

Grand Hôtel Jeanne d'Arc

Drei-Sterne-Hotel mit 48 Zimmern nahe der Place de la Contrescarpe, drei kleine Häuser mit Garten (Seitengebäude 1996 renoviert), im Landhausstil, ruhig, komfortabel.

De la Place du Louvre (H 5)

21, rue des Prêtres-Saint-Germain-l'Auxerrois (1er)
Tel. 01 42 33 78 68
Fax 01 42 33 09 95
Métro: Pont-Neuf
EZ 530–700 FF, DZ 720–850 FF
Drei-Sterne-Hotel, 20 Zimmer, am Louvre. Die Räume sind nach Malern benannt und mit Kunst dekoriert. Frühstücksraum mit Gewölbe (16. Jh.). Frühzeitig reservieren.

De la Place des Vosges (K 6)

12, rue de Birague (4e)
Tel. 01 42 72 60 46
Fax 01 42 72 02 64
Métro: Bastille oder Saint-Paul
EZ 385–545 FF, DZ 560–620 FF
Zwei-Sterne-Hotel mit 16 komfortablen Zimmern in einem Gebäude aus dem 17. Jh. im Marais, nahe der Place des Vosges.

Hotels

Prima Lepic (Nebenkarte)
29, rue Lepic (18e)
Tel. 01 46 06 44 64
Fax 01 46 06 66 11
Métro: Blanche
EZ 350–380 FF, DZ 390–440 FF
Freundliches Zwei-Sterne-Hotel mit 38 kleinen Zimmern und drei Suiten, in der steil ansteigenden Marktstraße des Montmartre.

Regyn's Montmartre (Nebenkarte)
18, place des Abbesses (18e)
Tel. 01 42 54 45 21
Fax 01 42 23 76 69
Métro: Abbesses
EZ 380–400 FF, DZ 440–460 FF
Zwei-Sterne-Hotel mit 22 kleinen, aber ansprechenden Zimmern in Montmartre. Von den oberen Etagen bietet sich eine schöne Aussicht über die Stadt oder auf Sacré-Cœur.

Rivoli Notre-Dame (J 5)
19, rue du Bourg-Tibourg (4e)
Tel. 01 42 78 47 39
Fax 01 40 29 07 00
Métro: Hôtel de Ville
EZ 540–630 FF, DZ 660–740 FF
Drei-Sterne-Hotel mit 31 Zimmern im schönsten Viertel von Paris, im Marais. In einem historischen Gebäude, ganz neu ausgestattet, zentral und ruhig. In unmittelbarer Nähe: das jüdische Viertel rund um die Rue des Rosiers (s. S. 66).

Du 7e Art (K 6)
20, rue Saint-Paul (4e)
Tel. 01 42 77 04 03
Fax 01 42 77 69 10
Métro: Saint-Paul
EZ, DZ 430–680 FF
Im Marais gelegen, 23 kleine, mit Kinoplakaten und -postkarten dekorierte Zimmer, freundlich-junger Service. Gleich gegenüber: die Trödelläden des Village Saint-Paul.

De Suède (E 6)
31, rue Vaneau (7e)
Tel. 01 47 05 00 08
Fax 01 47 05 69 27
Métro: Varenne
EZ ab 500 FF, DZ 650–1000 FF
Drei-Sterne-Hotel mit 39 ruhigen Zimmern, Blick auf den Garten des Hôtel Matignon, unweit von Invalidendom und Musée d'Orsay, elegant eingerichtet im Directoire-Stil.

Timhôtel Palais-Royal (H 4)
3, rue de la Banque (2e)
Tel. 01 42 61 53 90
Fax 01 42 60 05 39
www.timhotel.fr
Métro: Bourse
EZ, DZ 460–650 FF
Zwei-Sterne-Hotel mit 46 kleinen Zimmern an der Galerie Vivienne, nahe Palais Royal und den Modeläden der Place Sainte-Victoire.

Timhôtel Montmartre (Nebenkarte)
11, rue Ravignan (18e)
Tel. 01 42 55 74 79
Fax 01 42 55 71 01
www.timhotel.fr
Métro: Abbesses
EZ 450–550 FF, DZ 550 FF
Zwei-Sterne-Hotel mit 60 Zimmern an einem ruhigen Platz am Montmartre, an dem früher das berühmte Atelierhaus Bateau Lavoir stand. Schöne Aussicht auf Paris aus den Zimmern in den oberen Etagen.

Teuer (ab 800 FF)

De l'Abbaye (F 7)
10, rue Cassette (6e)
Tel. 01 45 44 38 11
Fax 01 45 48 07 86
www.hotel-abbaye4in.com
Métro: Saint-Sulpice
EZ, DZ 1100–1650 FF

Ländlich-elegantes Hotel mit 42 Zimmern in der Nähe des Jardin du Luxembourg. Im Sommer Frühstück im begrünten Innenhof mit Kopfsteinpflaster. Halle mit offenem Kamin, ruhige, geschmackvolle Zimmer, freundlicher Service.

Buci Latin (G 6)
34, rue de Buci (6e)
Tel. 01 43 29 07 20
Fax 01 43 29 67 44
www.bucilatin.com
Métro: Odéon
EZ, DZ 970–1700 FF
Designhotel in warmen Braun- und Rottönen in der turbulenten Marktstraße von Saint-Germain. Moderne Möbel, Lampen und Dekor kontrastieren mit dem alten Gebäude. 27 Zimmer, zum Teil mit Balkon und Whirlpool. Gemütlicher Coffee-Shop im Souterrain.

Des Deux-Iles (J 6)
59, rue St-Louis-en-l'Ile (4e)
Tel. 01 43 26 13 35
Fax 01 43 29 60 25
Métro: Pont-Marie
EZ, DZ 750–860 FF
Drei-Sterne-Hotel in bezaubernder Lage auf der idyllischen Ile Saint-Louis, intime Atmosphäre mit Kamin in der Halle, Bar und Bibliothek, 17 kleine Zimmer im Landhausstil, Frühstücksraum mit Gewölbe aus dem 17. Jh., kleiner Innenhof.

Duc de Saint-Simon (F 5)
14, rue de Saint-Simon (7e)
Tel. 01 44 39 20 20
Fax 01 45 48 68 25
Métro: Rue du Bac
DZ 1350–1500 FF
Drei-Sterne-Hotel mit 34 Zimmern in einem Gebäude aus dem 18. Jh. im Ministerienviertel, idyllisch zwischen zwei Gärten gelegen. Die Zimmer sind mit Antiquitäten eingerichtet, intime Atmosphäre, zum Teil mit Terrasse.

Jeu de Paume (J 6)
54, rue Saint-Louis-en-l'Ile (4e)
Tel. 01 43 26 14 18
Fax 01 43 26 14 18
Fax 01 40 46 02 76
www.HotelJeudePaume.com
Métro: Pont-Marie
EZ, DZ 910–1600 FF
Vornehmes Vier-Sterne-Hotel mit 30 Zimmern in einem Gebäude aus dem 17. Jh. auf der Ile Saint-Louis (ein ehemaliges Ballspielhaus = Jeu de Paume), mit Fachwerk und Holzbalken, geschmackvoll in Pastelltönen mit Antiquitäten und Terrakottafliesen ausgestattet.

Des Marronniers (G 6)
21, rue Jacob (6e)
Tel. 01 43 25 30 60
Fax 01 40 46 83 56
Métro: Saint-Germain-des-Prés
EZ 600–840 FF, DZ 800–990 FF
Drei-Sterne-Hotel mit 37 Zimmern in der Antiquitätenstraße in Saint-Germain. Sehr ruhig, da das Hotel in einem Hinterhaus liegt, Frühstück im Wintergarten oder Garten mit Kastanienbäumen (marronniers), Zimmer mit Stilmöbeln und Eichenbalken. Von den Zimmern nach hinten Blick auf die Kirche Saint-Germain.

Des Saints-Pères (F 6)
65, rue des Saints-Pères (6e)
Tel. 01 45 44 50 00
Fax 01 45 44 90 83
Métro: Saint-Germain-des-Prés
EZ 650 FF, DZ 800–1250 FF
Elegantes Drei-Sterne-Hotel mit 40 ruhigen Zimmern in einem Stadtpalais aus dem 17. Jh. in Saint-Germain. Die Chambre à la fresque mit Deckenmalereien aus der Erbauungszeit ist der schönste Raum. Im Sommer Frühstück im Garten.

Hotels

Luxuriös und legendär: Hotel Ritz an der Place Vendôme

Luxus (ab 1200 FF)

Costes (F 4)
239, rue Saint-Honoré (1er)
Tel. 01 42 44 50 00
Fax 01 42 44 50 01
Métro: Tuileries
EZ ab 1750 FF, DZ 2250–3500 FF
Gilbert Costes, Besitzer der Cafés Marly und Beaubourg (s. S. 41), hat das frühere Hôtel de France et Choiseul so geschmackssicher mit Antiquitäten ausstatten lassen, daß es bei zahlungskräftiger Klientel aus Mode und TV unter die beliebtesten Luxushotels aufrückte.

Montalembert (F 5)
3, rue de Montalembert (7e)
Tel. 01 45 49 68 68
Fax 01 45 49 69 49
www.montalembert.com
Métro: Rue du Bac
EZ, DZ 1750–2300 FF
Am linken Seine-Ufer im diskreten 7. Arrondissement, elegantes Hotel mit 56 Zimmern in modernem Design, die schicke Hotelbar frequentiert auch Prominenz wie Paloma Picasso, Catherine Deneuve und Karl Lagerfeld.

Pavillon de la Reine (K 5)
28, place des Vosges (3e)
Tel. 01 42 77 96 40
Fax 01 42 77 63 06
Métro: Bastille oder Chemin-Vert
EZ, DZ 1850–2800 FF
Romantisches Vier-Sterne-Luxushotel im Marais; 55 Zimmer und Appartements mit Stilmöbeln, begrünter Innenhof, in einem versteckten Hinterhaus an der Place des Vosges.

Relais Christine (H 6)
3, rue Christine (6e)
Tel. 01 43 26 71 80
Fax 01 43 26 89 38
Métro: Saint-Michel oder Odéon
EZ, DZ 1850–2300 FF
Das charmante Vier-Sterne-Hotel mit 51 Zimmern in einem ehemaligen Kloster aus dem 16. Jh. liegt in einer ruhigen Nebenstraße zwischen Saint-Germain und Quartier Latin. Mit Garten, helle und geräumige Zimmer, Salon mit Kamin.

Ritz (F 3)
15, place Vendôme (1er)
Tel. 01 43 16 30 30
Fax 01 43 16 31 78
Métro: Tuileries
EZ 2900–3500 FF
DZ 3500–4400 FF
142 Zimmer und 45 Suiten, exklusives, diskretes und luxuriöses Haus, als einer der ersten Gäste nach der Eröffnung 1898 kam Marcel Proust, Coco Chanel logierte hier, und der Dauergast Hemingway, nach dem heute eine der Hotelbars benannt ist, meinte: »Wenn ich von einem späteren Leben im Himmel träume, spielt sich immer alles im Ritz ab.«

La Villa (G 6)
29, rue Jacob (6e)
Tel. 01 43 26 60 00
Fax 01 43 34 63 63
Métro: Saint-Germain-des-Prés
EZ 900–1250 FF, DZ 1200–2200 FF
Exklusives Vier-Sterne-Designhotel mit 32 Zimmern. Das historische Gebäude in der Antiquitätenstraße von Saint-Germain wurde von der Gestalterin Marie-Christine Dornier postmodern ausgestattet.

Jugendherbergen & -hotels

Jugendherberge D'Artagnan (östlich von M 5)
80, rue Vitruve (20e)
Tel. 01 48 43 24 11
Fax 01 48 43 26 82
Métro: Porte de Bagnolet
113 im Mehrbett., 129 FF im DZ.

Jugendherberge Jules Ferry (L 3)
8, bd. Jules-Ferry (11e)
Tel. 01 43 57 55 60
Fax 01 43 57 00 35
Métro: République
113 im Mehrbettz., 118 FF im DZ.

Infos im Internet: www.fuaj.fr

Hotels MIJE
Drei Pariser Jugendhotels sind in schönen historischen Gebäuden untergebracht. Maximal sieben Übernachtungen für 18–30jährige, von 1–7 Uhr wird die Tür verschlossen, Handtücher müssen mitgebracht werden. Alle drei Unterkünfte unter Tel. 01 42 74 23 45 bzw. Fax 01 40 27 81 64 zu erreichen, Reservierung möglich, Mitgliedskarte notwendig. 200 FF im EZ, 160 FF im DZ, 140 FF im Dreibettzimmer, 130 FF im Mehrbettzimmer, jeweils mit Frühstück (www.mije.com).

Fauconnier (K 6)
11, rue du Fauconnier (4e)
Métro: Pont-Marie
Fourcy (K 6)
6, rue de Fourcy (4e)
Métro: Saint-Paul
Maubuisson (J 6)
12, rue des Barres (4e)
Métro: Hôtel de Ville

Campingplatz

Camping du Bois de Boulogne (westlich A 3)
Allée du Bord de l'Eau (16e)
www.campingfrance.com
Tel. 01 45 24 30 81
Fax 01 42 24 42 95
Métro: Porte Maillot, von dort im Sommer kostenloser Shuttle-Bus oder Bus 244
Stellplatz 100–150 FF + 25 FF pro Person, ganzjährig geöffnet
Drei-Sterne-Platz an der Seine, gegenüber der Ile de Puteaux, mit Supermarkt und Restaurant, zu erreichen über N 185.

Eine traditionelle französische Mahlzeit besteht meist aus drei Gängen: *Entrées* (Vorspeisen) sind Salate, Pasteten, Aufschnitt oder kleine warme Gerichte wie Nudeln, Quiche, Schnecken, Muscheln oder Suppen. Als *plat principal* (Hauptgericht) wird Fisch oder Fleisch serviert. Zuletzt kann der Gast zwischen einer Käseplatte oder Desserts wie Eis, Gebäck oder Cremes wählen. Auch in Paris wächst jedoch die Zahl jener Berufstätigen, die nur ein leichtes Mittagessen zu sich nehmen wollen, ein Sandwich, einen Salat, maximal zwei Gänge. Dieser Nachfrage nach ›Fastfood‹ kommen immer mehr Teesalons, Weinbistros und Bistros mit einer *formule* nach, einem günstigen Tagesangebot, bei dem ein Tagesgericht (*plat du jour*) wahlweise mit Vor- oder Nachspeise serviert wird.

Bistros sind meist kleine, oft auch preiswerte Restaurants; die schönsten besitzen noch ihre originale Belle-Epoque-Ausstattung. Zum Teil bieten sie regional inspirierte traditionelle Küche – am häufigsten in Paris vertreten sind die des Südwestens und aus Lyon. Gegenüber der strengen Etikette der ›be-sternten‹ Restaurants der Oberklasse erlebt das legerere und familiärere Bistro seit kurzem wieder eine Renaissance, so daß viele Starköche der **Haute Cuisine** preiswertere Zweitlokale eröffnet haben, deren Küche aber durchaus ambitioniert ist.

Weinbistros (Bar à vin) bieten zur großen Auswahl offener Weine in der Regel zu jeder Tageszeit kleine Gerichte an, von *charcuterie* (Aufschnitt) und belegten Baguettes bis hin zu kleinen warmen Mahlzeiten. **Brasserien** (Brauhäuser), meist sehr große, betriebsame Lokale, servieren auch zu später Stunde noch, häufig Gerichte mit elsässischem Einschlag.

Vegetarier haben es schwer in Paris: Insgesamt gibt es kaum drei Dutzend **vegetarische Restaurants** in Paris. Doch kann man gut auf nordafrikanische und jüdische Restaurants und ihre Auswahl an fleischlosen Vorspeisen zurückgreifen.

Teesalons mit diversen Teesorten und oft hervorragenden Kuchen sind Oasen der Entspannung im hektischen Paris, fernab von allem großstädtischen Getöse.

Soweit es Menüs gibt, sind die Preise angegeben, sonst lediglich ein Circawert für das Essen *à la carte*. Die individuelle Zusammenstellung einer Speisenfolge ist meist teurer als ein Menü. Im Durchschnitt sollten in Bistro, Brasserie oder Restaurant inklusive Wein etwa 200–250 FF veranschlagt werden. Mittags bieten auch die Restaurants der Luxusklasse viel preisgünstigere Menüs an, so daß man für die Hälfte oder ein Drittel des dort normalerweise Üblichen essen gehen kann.

Infos im Internet:
www.club-internet.fr/routard
www.top-restaurants.com
www.paris.org/restaurants

Kulinarisches Lexikon

Viandes	Fleisch
agneau	Lamm
andouillette	Kuttelwurst
bœuf	Rind
boudin	Blutwurst
cerf	Hirsch
cervelle	Hirn
chevreuil	Reh
daube	Schmorbraten
entrecôte	Rumpsteak
gibier	Wild
gigot	Keule
jarret	Haxe
lapin	Kaninchen
lièvre	Hase
mouton	Hammel
porc	Schwein
sanglier	Wildschwein
saucisse	Wurst
tripes	Kutteln
veau	Kalb

Volaille	Geflügel
canard	Ente
dinde	Pute
faisan	Fasan
oie	Gans
perdrix	Rebhuhn
poulet/poule	Hahn/Huhn

**Poissons/fruits de mer
Fisch/Meeresfrüchte**

anguille	Aal
cabillaud	Kabeljau
carpe	Karpfen
coquillages	Muscheln
crabes	Krabben
crevettes	Garnelen
crustacés	Schalentiere
écrevisses	Krebse
escargots	Schnecken
espadon	Schwertfisch
hareng	Hering
homard	Hummer
huîtres	Austern
langouste	Languste
lotte	Seeteufel, Lotte
loup de mer	Seewolf
maquereau	Makrele
morue	Stockfisch
moules	Miesmuscheln
sepia	Tintenfisch
saint-pierre	Petersfisch
saumon	Lachs
sole	Seezunge
thon	Thunfisch
truite	Forelle

Légumes	Gemüse (Beilagen)
artichaut	Artischocke
asperges	Spargel
carottes	Möhren
cèpes	Steinpilze
choux	Kohl
concombre	Gurke
crudités	Rohkost
épinards	Spinat
girolles	Pfifferlinge
haricots verts	grüne Bohnen
lentilles	Linsen
pâtes	Nudeln
petits pois	Erbsen
pommes de terre	Kartoffeln
riz	Reis
salade	Salat

**Desserts/fruits
Nachtisch/Obst**

abricot	Aprikose
cerise	Kirsche
chocolat	Schokolade
citron	Zitrone
fraise	Erdbeere
framboise	Himbeere
fromage	Käse
fromage blanc	Quark
gâteau	Kuchen
glace	Eis
pêche	Pfirsich
poire	Birne
pomme	Apfel
raisins	Trauben
tarte	Kuchen

Günstige Traditionslokale

Beaux-Arts (G 6)
11, rue Bonaparte (6e)
Tel. 01 43 26 92 64
Mo–Sa 12–14.15, 19–22.45 Uhr
Métro: Saint-Germain-des-Prés
Menü 75 FF, à la carte 140 FF. Beliebt als Viertelskantine bei den Schülern der Kunstakademie und Touristen, daher stets überfüllt. Einfach und preiswert, Spezialität ist *Pot-au-feu.*

Chartier (H 3)
7, rue du Fbg.-Montmartre (9e)
Tel. 01 47 70 86 29
Tgl. 11.30–14.30, 18–21.30 Uhr
Métro: Grands Boulevards
Um 90 FF. Ein großes und lautes Speiselokal, wie es im 19 Jh. noch weit mehr gab. Es wird schnell serviert und abgeräumt, weil immer Gäste warten. Jahrhundertwendedekor unter Denkmalschutz, eine echte Pariser Institution, preiswert, keine Reservierung.

Le Petit Saint-Benoît (G 6)
4, rue Saint-Benoît (6e)
Tel. 01 42 60 27 92
Mo–So 12–14.30, 19–22.30 Uhr
Métro: Saint-Germain-des-Prés
A la carte 130 FF. Familiäres Lokal mit Holzfassade. Im Sommer werden ein paar Tische nach draußen gestellt. Preiswert und populär.

Polidor (H 7)
41, rue Monsieur-le-Prince (6e)
Tel. 01 43 26 95 34
Mo–So 12–14.30, 19–1 Uhr,
So nur bis 23 Uhr
Métro: Odéon
Menü 55 FF (mittags), 100 FF, à la carte 130 FF. Einfaches, seit 1845 bestehendes Speiselokal mit Patina. In geselliger Enge bestellt man preiswerte Tagesgerichte wie Blutwurst, Kaninchen in Senfsauce oder Lammhirn. Großer Andrang.

Trumilou (J 6)
84, quai de l'Hôtel-de-Ville (4e)
Tel. 01 42 77 63 98
Tgl. 12–13, 19.30–23 Uhr

Unter Denkmalschutz: das Speiselokal Chartier

Métro: Hôtel de Ville
Menü 65 FF, 80 FF, à la carte 170 FF.
Am Seine-Kai, seit Jahren unverändert, echt Pariserische Atmosphäre in familiärer Enge. Einfache Hausmannskost (Lammkeule, Ente mit Backpflaumen) und auvergnatische Gerichte wie gefüllter Kohl und Kohl-Fleisch-Eintopf, freundlicher Service, preiswert.

Weinbistros

Le Café du Passage (L 6)
12, rue de Charonne (11e)
Mo–Fr 18–2, Sa 12–2 Uhr
Métro: Bastille
Modernes und gemütliches Weinbistro mit farbigen Sesseln, intime Atmosphäre, kleine Gerichte und Salate, viele offene Weine.

Le Comptoir du Relais (G 6)
5, carrefour de l'Odéon (6e)
Di–Do 12–24, Fr, Sa 12–2,
So 12–21 Uhr
Métro: Odéon
Neues, aber gelungen auf alt gemachtes Weinbistro in Saint-Germain-des-Prés mit großer Karte aller Weinbaugebiete. Der Besitzer liebt korsische Weine.

I Golosi (H 2)
6, rue de la Grange-Batelière (9e)
Mo–Fr 10–23, Sa 19–23 Uhr
Métro: Grands Boulevards
Italienisches Weinbistro in der Passage Verdeau in farbenfrohem Design, mit Spezialitätenhandel.

Le Rouge-Gorge (K 6)
8, rue Saint-Paul (4e)
Mo–Sa 11–2, So 11–20 Uhr
Métro: Saint-Paul
Kleines Weinbistro in einer abgelegeneren Ecke des Marais. Menü und Weine wechseln nach Jahreszeit und Regionen (z. B. korsisch).

Le Rubis (G 4)
10, rue du Marché-Saint-Honoré (1er)
Mo–Fr 7–22, Sa 9–16 Uhr
Métro: Tuileries
Authentisch pariserisches Weinbistro. Zur Mittagszeit überfüllt, die bunte Mischung der Gäste sorgt für animierte Stimmung, auf die Straße gerollte Fässer erweitern im Sommer den Schankraum.

Le Sauvignon (F 6)
80, rue des Saints-Pères (7e)
Mo–Sa 8.30–23 Uhr
Métro: Sèvres-Babylone
Kleines Weinbistro im Modeviertel. Imbisse mit auvergnatischen Käse-, Wurst- oder Schinkenspezialitäten.

La Tartine (K 5)
24, rue de Rivoli (4e)
Mo, Do–So 8.30–22,
Mi 12–22 Uhr
Métro: Hôtel de Ville
Authentisches, bodenständiges und sehr beliebtes Pariser Weinbistro mit Patina, Schwerpunkt Beaujolais-Weine, im Marais.

Taverne Henri IV (H 5)
13, place du Pont-Neuf (1er)
Mo–Fr 12–22, Sa 12–16 Uhr
Métro: Pont-Neuf
Eines der ältesten Weinbistros in Paris mit entsprechender Patina an der Place Dauphine auf der Île de la Cité, sorgfältig ausgewählte Loire-Weine.

Willi's Wine Bar (G 4)
13, rue des Petits-Champs (1er)
Mo–Sa 12–23 Uhr
Métro: Pyramides
Von zwei Engländern geführtes Weinbistro, kosmopolitische Klientel, kleine Gerichte und Salate, neben europäischen auch amerikanische und australische Weine.

Brasserien

Alcazar (G 6)
62, rue Mazarine (6e)
Tel. 01 53 10 19 99
Tgl. 12–15.30, 19–1 Uhr
Métro: Odéon
A la carte 280 FF, Menü 140 FF, 180 FF. Die von Terence Conran eröffnete ›Brasserie fürs 21. Jahrhundert‹ wurde in den Räumen des ehemaligen Revuetheaters Alcazar eingerichtet. Schon in London und München hat der englische Designer XXL-Restaurants in Mode gebracht. Auch hier überzeugt das edel-schlichte Interieur. Die Pariser Szene stört nur eins: Die Küche ist französisch! An der Bar preiswerte *formule* zu 100 FF.

Bofinger (L 6)
3, rue de la Bastille (4e)
Tel. 01 42 72 87 82
Mo–Fr 12–15, 18.30–1 Uhr,
Sa, So 12–1 Uhr
Métro: Bastille
A la carte 300 FF. Die 1864 von einem Elsässer eröffnete älteste Brasserie in Paris ist stets überfüllt. In der spektakulären Belle-Epoque-Einrichtung unter einer Glaskuppel werden Meeresfrüchte, Schweinsfüße und Sauerkrautplatten serviert. Preiswerteres Bistro gegenüber, Menü 100 FF, 140 FF, à la carte 180 FF, 5-7, rue de la Bastille, Tel. 01 42 72 05 23.

Brasserie de l'Ile-Saint-Louis (J 6)
55, quai de Bourbon (4e)
Tel. 01 43 54 02 59
Mo, Di, Fr–So 11.30–1 Uhr
Métro: Pont-Marie oder Cité
Menü 80 FF (mittags), à la carte 180 FF. Stets gedrängt volle Brasserie auf der Ile Saint-Louis, Terrasse mit schönem Blick auf Notre-Dame.

Brasserie Lipp (G 6)
151, bd. Saint-Germain (6e)
Tel. 01 45 48 53 91
Tgl. 12–1 Uhr
Métro: Saint-Germain-des-Prés
Menü 195 FF, à la carte 270 FF. Berühmte, auch von Hemingway sehr geschätzte Brasserie gegenüber den Literaturcafés Deux Magots und Flore, mit prominenten Gästen aus Politik, Medien und Showbizz.

La Coupole (F 8)
102, bd. du Montparnasse (14e)
Tel. 01 43 20 14 20
Tgl. 12–2 Uhr
Métro: Vavin
Menü 100 FF (mittags), 135 FF, 180 FF, à la carte 280 FF. Die so riesige (500 Plätze) wie legendäre Art-Déco-Brasserie am Montparnasse gibt es seit 1927. Die in den 80er Jahren vom Abriß bedrohte Pariser Institution wurde restauriert; besonders schön sind die mit Fresken dekorierten Pfeiler. Pausenloses Kommen und Gehen, daher gibt es beim (guten) Essen viel zu sehen.

Flo (J 3)
7, cour des Petites-Ecuries (10e)
Tel. 01 42 46 15 80
Tgl. 12–1.30 Uhr
Métro: Château-d'Eau
Menü 135 FF (mittags), 190 FF, à la carte 280 FF. Die Belle-Epoque-Brasserie nahe der Gare du Nord ist populär und stets belebt. Schwerpunkt der Karte: elsässische Küche, Gänseleber, Meeresfrüchte und *Choucroute* (Sauerkraut). Kultiviertes Publikum.

Grand Colbert (G 4)
4, rue Vivienne (2e)
Tel. 01 42 86 87 88
Tgl. 12–1 Uhr
Métro: Bourse

Hier ist meist jeder Tisch besetzt: Brasserie La Coupole

Menü 160 FF, à la carte 250 FF. Die Brasserie aus dem Jahr 1880 in der Galerie Colbert wurde restauriert. Mosaiken, Fresken, der große Tresen und der hohe Raum ergeben ein eindrucksvolles Ambiente. Meeresfrüchte und Fleischgerichte.

Bistros & Restaurants

Bistrot d'à Côté (J 7)

16, bd. Saint-Germain (5e)
Tel. 01 43 54 59 10
www.michelrostang.com
Mo–Fr 12.30–14.30, 19.30–23,
Sa 19.30–23 Uhr
Métro: Maubert-Mutualité
Menü 150, 190 FF, à la carte 200 FF.
Charmantes Neben-Bistro von Starkoch Michel Rostang mit saisonal wechselnder Karte unweit des Institut du Monde Arabe. Aufmerksamer Service, gute Weinkarte, intellektuelles Publikum.

Bistrot de l'Etoile (B 2)

13, rue Troyon (17e)
Tel. 01 42 67 25 95
Mo–Fr 12–15, 19.30–23.30,
Sa 19.30–23.30 Uhr
Métro: Charles de Gaulle-Etoile
A la carte 250 FF. Edles Bistro von Starkoch Guy Savoy (s. S. 39), unweit des Arc de Triomphe. Leichte Nouvelle Cuisine aus marktfrischen Produkten, jedoch weit günstiger als im Restaurant.

Les Bookinistes (H 6)

53, quai des Grands-Augustins (6e)
Tel. 01 43 25 45 94
Mo–Fr 12–2, Mo–So 19–24 Uhr
Métro: Saint-Michel
Menü 160 (mittags), 190 FF, à la carte 250 FF. Bistro von Spitzenkoch Guy Savoy (s. S. 39) am Seine-Quai. Brillanter Newcomer unter den Bistros, modernes, helles Interieur mit ein paar Farbtupfern, junges, lärmig-intellektuelles Rive-Gauche-Publikum, leichte, innovative Küche.

Bouillon Racine (H 6)

3, rue Racine (6e)
Tel. 01 44 32 15 60
Tgl. 12–0 Uhr
Métro: Cluny
Menü 80, 110 FF (nur mittags), 170 FF, à la carte 230 FF. Ein kleines Juwel (einst ein Bouillon Chartier, s. S. 32) nahe dem Boulevard Saint-Michel wurde restauriert: Die Ausstattung in reinem Jugendstil stammt aus dem Jahr 1906. Der junge Küchenchef Olivier Simon schuf das Ambiente einer belgischen Brasserie: flandrisch inspirierte Küche, belgische Biere vom Zapfhahn oder aus der Flasche.

Ma Bourgogne (K 5)

19, place des Vosges (4e)
Tel. 01 42 78 44 64
Tgl. 8–1 Uhr, Küche 12–1 Uhr
Métro: Bastille
Menü 195 FF. Allein schon wegen der Lage am schönsten Platz von Paris lohnt es sich, im Sommer draußen unter den Arkaden einen Wein zu trinken (vor allem Bordeaux und Beaujolais); einfache französische Bistro-Küche.

Chez Janou (K 5)

2, rue Roger-Verlomme (3e)
Tel. 01 42 72 28 41
Mo–Fr 12–15, 19–23 Uhr
Métro: Chemin-Vert
A la carte 230 FF. Liebenswürdiges Eckrestaurant mit schon fast anachronistischem Charme in einer versteckten Straße unweit der Place des Vosges, mit hübscher kleiner Terrasse.

Chez Paul (L 6)

13, rue de Charonne (11e)
Tel. 01 47 00 34 57
Tgl. 12–14.30, 19.30–0.30 Uhr
Métro: Bastille
A la carte 200 FF. Eckbistro im Bastilleviertel. Die einfache Ausstattung täuscht, das Lokal ist ›in‹, auch bei Prominenten. Der Service ist familiär-freundlich, einfache französische Hausmannskost.

Le Coude-Fou (J 5)

12, rue Bourg-Tibourg (4e)
Tel. 01 42 77 15 16
Tgl. 12–2 Uhr
Métro: Hôtel de Ville
À la carte 200 FF. Unkompliziert-lustiges Bistro im Marais, mit naiv-bunten Wandfresken, kleinen Holztischen und jungem Publikum. Es gibt recht viele gute Weine auch offen glasweise. Eher kleine Karte mit wechselnden, relativ preiswerten Tagesgerichten auf einer Schiefertafel.

Aux Crus de Bourgogne (H 4)

3, rue Bachaumont (2e)
Tel. 01 42 33 48 24
Mo–Fr 12–14.30, 20–22.30 Uhr
Métro: Les Halles
A la carte 250 FF. Französische Hausmannskost, einfach-rustikale Ausstattung. Vor allem mittags herrscht gesellig-gemütliche Stimmung in diesem beliebten Jahrhundertwende-Bistro mit Patina. Seit das Viertel zur Fußgängerzone wurde, kann man hier bei gutem Wetter auch draußen sitzen.

Le Dos de la Baleine (J 5)

40, rue des Blancs-Manteaux (4e)
Tel. 01 42 72 38 98
Di–So 12–13, 19–23.30 Uhr
Métro: Rambuteau
Menü 100, 120 FF, à la carte 180 FF. Da die zwei jungen Küchenchefs bei mehreren Topköchen ihre Ausbildung absolviert haben, halten sie sich in ihrem eigenen Bistro an klassische Regeln: ausgesuchte Weine, frische Produkte für die Küche, realistische Preise. Junges, schickes Publikum.

Nicht umsonst, aber draußen: Bootsrestaurant auf der Seine

Gaya Rive Droite (F 3)
17, rue Duphot (1er)
Tel. 01 42 60 43 03
Mo–Sa 12–14.30, 19–22.30 Uhr
Métro: Madeleine
A la carte 350 FF. Das schicke Bistro mit Azulejos und Holzvertäfelung setzt den Schwerpunkt auf Fisch und Meeresfrüchte.

Grizzli (J 5)
7, rue Saint-Martin (4e)
Tel. 01 48 87 77 56
Mo–Sa 12–14.30, 19.30–23 Uhr
Métro: Hôtel de Ville, Châtelet
Menü 120 FF (mittags), 160 FF, à la carte um 220 FF. Das von außen unauffällige, innen hübsche Bistro nahe dem Centre Pompidou serviert solide traditionelle Gerichte mit südwestfranzösischem Einschlag.

Kiosque Flottant (J 6)
Quai Montebello
Tel. 01 43 54 19 51
Tgl. 10–2 Uhr
Métro: Saint-Michel
A la carte 150 FF. Das Bootsrestaurant mit Blick auf Notre-Dame empfiehlt sich für stimmungsvolle Sommerabende, an denen die (anspruchslose) Küche zweitrangig bleibt und nur die Atmosphäre zählt. Jedes Jahr werden es mehr Boote an den Seine-Kais (auf einigen auch Livemusik oder Disko). Nicht wundern, wenn sie im Winter ihre Liegeplätze aufgeben.

Le Loup Blanc (H 4)
427, rue Tiquetonne (2e)
Tel. 01 40 13 08 35
Mo–Sa 19–24, Sa, So 12–17 Uhr
Métro: Bastille
Um 80 FF. Hübsches Bistro nahe der belebten Marktstraße Montorgueil. Spezialität sind marinierte und gegrillte Fleisch- und Fischgerichte, die Beilagen stellt man selbst zusammen. Publikum halb Gay, halb Hetero, sehr freundlicher Service, junge Crew, preiswert.

La Tour Montlhéry (H 4)
5, rue des Prouvaires (1er)
Tel. 01 42 36 21 82
Mo–Fr 12–15, 19.30–7 Uhr
Métro: Châtelet-Les Halles

Menü 250 FF. Das gesellige Bistro im Hallenviertel ist – in alter Tradition – die ganze Nacht durchgeöffnet. Wurstplatten, Fischterrine, gefüllter Kohl, Nieren, Lammhirn, Kalbskoteletts in Roquefortsauce in großen Portionen.

Le Train Bleu (L 7)
20, bd. Diderot (12e)
Tel. 01 43 43 09 06
Tgl. 11.30–15, 19–23 Uhr
Métro: Gare de Lyon
Menü 250 FF, à la carte 350 FF. Das schönste Bahnhofsrestaurant der Welt in der Gare de Lyon besitzt eine Belle-Epoque-Ausstattung mit Wand- und Deckenmalereien (unter Denkmalschutz). Die Qualität der Lyonnaiser Küche wird dem Ambiente nicht immer ganz gerecht – dies jedoch ist unbedingt einen Besuch wert.

Regionale Küche

Baracane (L 6)
38, rue des Tournelles (4e)
Tel. 01 42 71 43 33
Mo–Fr 12–14.30, 19–24,
Sa 19–24 Uhr
Métro: Bastille
Menüs 85 FF, 130 FF, 215 FF, à la carte 200 FF. Winziges Bistro nahe der Bastille mit einer für das Preisniveau überdurchschnittlichen Küche. Spezialitäten aus dem Quercy, vor allem Gerichte mit Ente.

Au Bascou (K 4)
38, rue Réaumur (3e)
Tel. 01 42 72 69 25
Mo–Fr 12–14.30, 20–22.30,
Sa 20–22.30 Uhr, im Aug. geschl.
Métro: Arts et Métiers
Menü 90 FF (mittags), à la carte 230 FF. Restaurant mit ungezwungen-freundlicher Atmosphäre und baskischer Küche: Lammkeule aus den Pyrenäen, Schinken aus dem Tal von Aldudes, gefüllte rote Paprika auf navarresische Art, Tintenfisch-Risotto, baskische Käsesorten und südwestfranzösische Weine.

Chez Toutoune (J 6)
5, rue de Pontoise (5e)
Tel. 01 43 26 56 81
Mo 20–23, Di–So 12–14,
20–23 Uhr
Métro: Maubert-Mutualité
Menü 120 (mittags), 190, 200 FF. Kleines Ecklokal im ländlichen Stil in einer ruhigen Ecke des Quartier Latin. Provenzalisch-mediterrane Küche, freundliche Besitzerin.

Lescure (F 4)
7, rue Mondovi (1er)
Tel. 01 42 60 18 91
Mo–Fr 12–14.15, 19–22.15,
Sa 12–14.15 Uhr, im Aug. geschl.
Métro: Concorde
Menü 100 FF, à la carte 170 FF. Winziges, mit Schalotten, Zwiebeln, Knoblauch dekoriertes Lokal nahe dem Louvre, traditionelle Küche, deftige Spezialitäten Südwestfrankreichs, kleine Terrasse.

Luxus

L'Ambroisie (K 5)
9, place des Vosges (4e)
Tel. 01 42 78 51 45
Di–Sa 12–13.30, 20–22Uhr
Métro: Bastille oder Saint-Paul
A la carte 1000–1200 FF. Im vornehmen, diskret-versteckten Drei-Sterne-Restaurant steht Bernard Pacaud der Küche (klassisch-französisch) vor, die von den Gästen enthusiastisch gefeiert wird. Höflicher Service, ausgezeichnete Weinkarte, Interieur im Stil eines italienischen Landhauses, mit Steinboden und freundlich-pastelligen Farben.

Grand Véfour (G 4)

17, rue de Beaujolais (1er)
Tel. 01 42 96 56 27
Mo–Fr 12.30–14, 19.30–22 Uhr
Métro: Palais-Royal
Menü 345 FF (mittags), 750 FF, à la carte 900 FF. Unter den Arkaden des Palais Royal, spektakuläres Interieur: Wandfliesen und Deckengemälde im Directoire-Stil. Prominenz von Napoleon über Victor Hugo bis zu Colette und Cocteau zählten zu den Gästen. Heute bietet Guy Martin stets hochgelobte savoyardische Küche.

Guy Savoy (B 2)

18, rue Troyon (17e)
Tel. 01 43 80 40 61
www.guysavoy.com
Mo–Fr 12.30–14, 19.30–22.30,
Sa 19.30–22.30 Uhr
Métro: Charles de Gaulle – Etoile
Menü 500 FF (mittags), 950 FF, à la carte 1000 FF. Guy Savoy, einer der Topköche von Paris und wie Dutournier jemand, der seine regionalen Wurzeln in ein zusätzliches Plus verwandelt. Schwerpunkt auf der alle drei Monate wechselnden Karte sind Fisch, Geflügel und Gemüse. Mehrere Bistros vgl. Les Bookinistes und Bistrot de l'Etoile (s. S. 35).

Vegetarisch

Piccolo Teatro (K 5)

6, rue des Ecouffes (4e)
Tel. 01 42 72 17 79
Di–So 12–15, 19–23 Uhr
Métro: Saint-Paul
Menü 45 FF und 55 FF (nur mittags), à la carte 90 FF. Gemütliches, leicht schummriges Restaurant mit Steinwänden und Pflanzen. Rauchen und Alkohol sind erlaubt. Mediterran inspirierte vegetarische Küche, günstige Weine.

Aus aller Welt

Joe Allen (J 4)

30, rue Pierre-Lescot (1er)
Tel. 01 42 36 70 13
Tgl. 12–2 Uhr
Métro: Etienne-Marcel
A la carte 180 FF. Ein bißchen New York in Paris: Bar und Restaurant mit amerikanischer Küche von Cheesecake über Spinatsalat und Cesars Salad bis zu T-Bone-Steaks, Chicken-Gumbo und Coleslaw.

Catalogne (G 6)

4–8, cours du Commerce Saint-André (6e)
Tel. 01 55 42 16 19
Di–So 12–15, 19.30–22 Uhr
Métro: Odéon
Restaurant: um 180 FF. Bei diesem Spanier gibt es gute Tapas und einfache Gerichte im Erdgeschoß (Restaurant in der ersten Etage). Bezaubernd: die Lage in der kopfsteingepflasterten Passage.

Chez Albert (G 6)

43, rue Mazarine (6e)
Tel. 01 46 33 22 57
Mo–Sa 12–14.30, 19–23 Uhr
Métro: Odéon
Menü 135 FF, à la carte 200 FF. Portugiesische Spezialitäten wie Stockfisch, dazu Vinho verde, daneben auch französische Küche, in farbenfrohem Ambiente in Saint-Germain.

Chez Omar (K 4)

47, rue de Bretagne (3e)
Tel. 01 42 72 36 26
Mo–Sa 12–14.30, 19–24 Uhr
Métro: Arts et Métiers
A la carte 120 FF. Nordafrikanisch-orientalische Küche, vor allem guter Couscous, in freundlichem Ambiente. Das Lokal ist schon lange bei Medienszene, Galeristen und Künstlern beliebt.

Jo Goldenberg (K 5)

7, rue des Rosiers (4e)
Tel. 01 48 87 20 16
Tgl. 12–24 Uhr
Métro: Saint-Paul
A la carte 200 FF. Jüdisch-osteuropäischer Delikatessenladen und koscheres Restaurant mit Gefilte Fisch, Picklfleisch und Borschtsch. Von prominenten Gästen geschenkte Fotos an den Wänden schaffen eine nostalgische Atmosphäre. Einschußlöcher im Schaufenster erinnern noch an das Attentat im Jahr 1982.

Lô Sushi (C 3)

8, rue de Berri (8e)
Tel. 01 45 62 01 00
Tgl. 12.30–0.30 Uhr
Métro: George-V
A la carte 150 FF. Von der Designerin Andrée Putnam entworfene japanische Bar in einer Seitenstraße der Champs-Elysées. Die Sushi rotieren auf einem Laufband über den Tresen, man nimmt sich nach Wahl. Die Farbe der Teller signalisiert den Preis.

Marais Cage (K 4)

8, rue de Beauce (3e)
Tel. 01 48 87 31 20
Mo–Fr 12–14.30, 19–22.30,
Sa 19–22.30 Uhr
Métro: Temple
Menü 100, 165, 200 FF, à la carte 260 FF. Antillen-Küche (Akra, Boudin, Colombo) im etwas abgelegenen 3. Arrondissement. Großes Rum- und Punschangebot, kreolische Musik.

Marianne (K 5)

2, rue des Hospitalières-Saint-Gervais (4e)
Tel. 01 42 72 18 86
Tgl. 11.30–24 Uhr
Métro: Saint-Paul
Um 100 FF. Jüdischer Delikatessenladen mit Restaurant: Zu empfehlen als kleiner Imbiß sind die individuell zusammenzustellenden Vorspeisenteller mit Auberginen-, Sesam- und Kichererbsenpüree, Falafel, Kefta, Tarama, eingelegten Paprika oder türkischem Salat.

Nioullaville (M 3)

32–34, rue de l'Orillon (11e)
Tel. 01 43 38 30 44
Tgl. 12–15, 19–1 Uhr
Métro: Belleville
A la carte 150 FF. 600 Plätze in kitschigem Ambiente mit Volksfestcharakter im Stadtteil Belleville. Umfangreiche Karte mit Gerichten aus China, Kambodscha, Laos, Vietnam, Thailand (jeweils mit eigener Küche!). Außerdem werden Dim-Sum-Gerichte auf Rollwagen durch die Gänge der Halle geschoben.

Pitchi Poi (K 6)

7, rue Caron (4e)
Tel. 01 42 77 46 15
Métro: Saint-Paul
Tgl. 12–14.30, 19–22.30 Uhr
Menü 145 FF, à la carte 180 FF. Polnisch-jüdische Küche, Lachs, geräucherter Fisch mit Ofenkartoffeln, gefüllter Karpfen, dazu ungarischer Tokajer, ideal zum Draußensitzen an der schönen kleinen Place du Marché-Sainte-Catherine im Marais.

Woolloomooloo (K 6)

36, bd. Henri-IV (4e)
Tel. 01 42 72 32 11
Di–Do, So 12–15, 19.30–23
Fr, Sa 12–15, 20–0 Uhr
Métro: Bastille
Menü 135, 170 FF. Australisches Restaurant nahe der Bastille: Enten-Frühlingsrolle, Lachs asiatische Art, Rinderfilet mit Ingwer, australische Weine. So Brunch. Modernes Interieur, Szenepublikum.

A votre service: Frische Austern

Cafés

Café Beaubourg (J 5)

100, rue Saint-Martin (4e)
So–Do 8–1, Fr, Sa 8–2 Uhr
Métro: Rambuteau
Von Christian de Portzamparc, dem Architekten der Cité de la Musique (s. S. 60), eingerichtetes, schickes Café mit Blick auf das Centre Pompidou, ein modernes Äquivalent zu den Literatencafés des Rive Gauche der 50er Jahre. Das postmoderne Interieur und die schöne Terrasse schätzen Designer, Stadtneurotiker und *fashionables*, So Brunch.

Café de Flore (G 6)

172, bd. Saint-Germain (6e)
Tgl. 7–2 Uhr
Métro: Saint-Germain
Das einst von Schriftstellern wie Jean Paul Sartre und Simone de Beauvoir frequentierte ›Existentialisten‹-Café ist noch immer eins der schönsten in Paris, auch wenn der Ruhm sich auf die Preise niederschlägt. Im Laden nebenan werden Tassen mit Flore-Aufdruck wie Devotionalien verkauft.

Café Marly (G 4)

93, rue de Rivoli (1er)
Tgl. 8–2 Uhr
Métro: Palais-Royal
Das schickste Pariser Café, Terrasse unter Arkaden mit Blick auf die Glaspyramide im Innenhof des Louvre (auch Restaurant). Der Besitzer Gilbert Costes (s. S. 27) ließ in den Innenräumen einen noblen Stilmix in Rot-Blau kreieren, halb Napoleon III., halb modernes Design. Stilecht zum Frühstück wäre hier auf jeden Fall Champagner!

Café Véry (F 4)

Im Jardin des Tuileries (1er)
Tgl. 12–23 Uhr
Métro: Tuileries
Die Terrasse des Glas-Pavillons im Tuilerien-Garten ist wunderschön zum Draußensitzen (mittags Restaurant): Der aggressive Autoverkehr ist weit weg.

Aux Deux Magots (G 6)

6, place St-Germain-des-Prés (6e)
Tgl. 7.30–1.30 Uhr
Métro: Saint-Germain
Eine Pariser Institution und berühmter Literaten-Treffpunkt. Die Legende zieht natürlich Touristen aus aller Welt an, aber ein Stopp hier ist tatsächlich immer noch ein Erlebnis. Schöner Blick auf die Kirche Saint-Germain.

Szenecafé: Le Petit Fer à Cheval

La Palette (G 6)
43, rue de Seine (6e)
Mo–Sa 8–2 Uhr
Métro: Saint-Germain-des-Prés
Der Name verpflichtet: Bei den Kunststudenten der nahen Ecole des Beaux-Arts beliebtes Café mit schöner Straßenterrasse. Wanddekoration sind lauter Paletten.

Au Père Tranquille (H 4)
16, rue Pierre-Lescot (1er)
Tgl. 8–2 Uhr
Métro: Les Halles
Café mit schöner Terrasse am Forum des Halles in der turbulenten Fußgängerzone. Eine schöne Filiale gibt's in den Bögen des Viaduc des Arts (s. S. 77).

Le Petit Fer à Cheval (J 5)
30, rue Vieille-du-Temple (4e)
Mo–Fr 9–2, Sa, So 11–2 Uhr
Métro: Saint-Paul
Der Tresen in Hufeisenform (*fer à cheval*) des Cafés der Jahrhundertwende wird viel von den Nachbarn aus dem Marais, skurrilen

Nachtvögeln und Touristen frequentiert. Die wenigen Tische sind ein idealer Platz zum Beobachten der abendlichen Flaneure. Gleich um die Ecke hat das Team in einer kleinen Sackgasse ein zweites Café eröffnet, La Chaise au Plafond.

Rendez-vous des Quais (Nebenkarte)
8–14, quai de la Seine (19e)
Tgl. 12–24 Uhr
Métro: Stalingrad
Café in einem alten Bootshangar mit neuem Programmkino (s. S. 60). Durch die große Glasfront und von der Terrasse läßt sich der schöne Blick auf den Canal Saint-Martin genießen.

Salons de thé

A Priori Thé (G 4)
35–37, galerie Vivienne (2e)
Tgl. 9–19 Uhr
Métro: Bourse
Schicker *Salon de thé* in der eleganten Galerie Vivienne, fernab vom Autolärm, mittags kleine Gerichte wie Tarte mit Cantal, Tomate und Estragon, zum Tee *Brownies* und *Scones*, Sa und So Brunch.

Angelina (F 4)
226, rue de Rivoli (1er)
Tgl. 9–19 Uhr
Métro: Tuileries
Von der österreichischen Familie Rumplmayr gegründetes Kaffeehaus im Belle-Epoque-Dekor, in dem sich oft Warteschlangen für die Tische bilden. Gerühmte heiße Schokolade. Spezialität des Hauses: Mont-Blanc, ein Sahnegebäck mit Kastanienpüree.

L'Arbre à Cannelle (H 3)
57, passage des Panoramas (2e)
Mo–Sa 12.45–18 Uhr

Métro: Grands Boulevards
Salon de thé mit alter Holzvertäfelung des Second Empire in der belebten Passage des Panoramas. Salzige und süße Tartes, *Crumble* (Fruchtauflauf mit Streuseln) mit Äpfeln oder Beeren.

Dame Tartine (J 5)
2, rue Brisemiche (4e)
Tgl. 12–23.30 Uhr
Métro: Hôtel de Ville
Direkt neben dem Centre Pompidou mit Blick auf die Kirche Saint-Merri und den bunt-bewegten Strawinsky-Brunnen von Niki de Saint-Phalle und Jean Tinguely. Gute Sandwiches.

Le Flore en l'Ile (J 6)
42, quai d'Orléans (4e)
Tgl. 9–2 Uhr
Métro: Pont-Marie
Eleganter Teesalon auf der Ile Saint-Louis mit wunderbarem Blick auf die Rückseite von Notre-Dame und klassischer Musik, Eis von Berthillon (s. S. 45).

L'Heure Gourmande (G 6)
22, passage Dauphine (6e)
Di–So 11–19, So 13–19 Uhr
Métro: Odéon
Im Tiefparterre in der kopfsteingepflasterten Passage Dauphine mitten in Saint-Germain. Mittags Salate und Quiche, guter Schokoladenkuchen.

Le Loir dans la Théière (K 5)
3, rue des Rosiers
Di–So 12–19 Uhr
Métro: Saint-Paul
Mit Flohmarktmöbeln gemütlich eingerichteter Teesalon im Marais. Leckerer Kuchen, von Obst bis Schokolade.

Muscade (G 4)
36, rue de Montpensier (1er)

Tgl. 12–22 Uhr
Métro: Palais-Royal
In der versteckten grünen Oase des Gartens im Palais-Royal, mittags Restaurant, hervorragender Schokoladen- und Rhabarberkuchen, gute heiße Schokolade. Traumhaft zum Draußensitzen.

Patachou (Nebenkarte)
9, place du Tertre (18e)
www.butte-montmartre.com
Tgl. 12–15, 19–1 Uhr
Métro: Abbesses
Gartenterrasse mit umwerfendem Blick über Montmartre auf Paris, direkt an der sehr touristischen Place du Tertre. Teuer.

The Tea Caddie (H 6)
14, rue Saint-Julien-le-Pauvre (5e)
Do–Di 12–19 Uhr
Métro: Saint-Michel
Englischer Teesalon mit *Scones, Muffins* und *Pies,* Gemüsegratins und Obstkuchen, So Brunch. Für nasse oder kalte Tage.

Teesalon des Institut du Monde Arabe (J 7)
1, rue des Fossés Saint-Bernard (5e)
Tgl. 15–18 Uhr
Métro: Jussieu
Der Teesalon (mittags und abends libanesisches Restaurant) des Arabischen Kulturinstituts besitzt eine der schönsten Terrassen von Paris: mit Blick auf Seine, Ile Saint-Louis und Notre-Dame.

Teesalon der Moschee (J 8)
19, rue Geoffroy-Saint-Hilaire (5e)
Tgl. 10–23 Uhr
Métro: Censier-Daubenton
Im orientalischen Teesalon der Pariser Moschee nahe dem Botanischen Garten trinkt man stilecht süßen Pfefferminztee.

Jiddische Bäckerei: Finkelsztajn

Accessoires

Robert Clergerie (F 6)
5, rue du Cherche-Midi (6e)
Métro: Sèvres-Babylone
Trendsetter der internationalen Schuhmode, elegante Modelle.

Hermès (E 3)
24, rue du Fbg.-Saint-Honoré (8e)
Métro: Madeleine
Feinstes Leder für Handtaschen, Portemonnaies und Gürtel in klassischem Schick. Qualität hat ihren Preis: Für das Markenzeichen des ehemaligen Sattlerbetriebs, edle Seidentücher, geben die schönsten Frauen dieser Erde schon mal mehr als ein Taschengeld aus.

Stéphane Kélian (H 4)
6, place des Victoires (2e)
Métro: Bourse
Top-Schuhkreateur mit ausgefallenen Modellen, der durch sein Flechtwerk berühmt wurde. Weitere Adressen: Trois Quartiers, bd. de la Madeleine (1er), Métro: Madeleine, und 36, rue de Sévigné (4e), Métro: Bastille.

Marie Mercié (H 4)
56, rue Tiquetonne (2e)
Métro: Etienne-Marcel

Exzentrische oder kokette Hüte aus ungewöhnlichen Materialien. Weiterer Laden: 23, rue Saint-Sulpice (6e), Métro: Saint-Sulpice. Anthony Peto, der Ehemann der ehemaligen Journalistin, fertigt ebenso eigenwillige Herrenhüte.

Philippe Model (G 3)
33, place du Marché Saint-Honoré (1er)
Métro: Pyramides
Hüte, von Tragbarem bis zu üppig dekorierten, riesigen ›Wagenrädern‹, Handschuhe, Handtaschen – Ton in Ton aufeinander abgestimmt, in leuchtenden Farben.

Princesse Tam-Tam (H 4)
5, rue Montmartre (1er)
Métro: Les Halles
www.princessetam-tam.com
Hübsche Dessous, Bikinis, Badeanzüge, Nachthemden und Pyjamas.

Louis Vuitton (D 3)
54, av. de Montaigne (8e)
www.vuitton.com
Métro: Franklin-Roosevelt
Das luxuriöse Reisegepäck aus edlem Leder begeistert die Pariser Haute Volée und japanische Touristinnen auf Europatour.

Antiquitäten

Carré Rive Gauche (G 6)
Rue Jacob/des Saints-Pères (6e)
www.carrerivegauche.com
Métro: Saint-Germain-des-Prés
Antiquitäten-Dorado in mehreren
benachbarten Straßen in Saint-
Germain.

Drouot (H 2)
9, rue Drouot (9e)
www.gazette-drouot.com
Mo–Sa 11–18 Uhr
Métro: Richelieu-Drouot
Renommiertes Auktionshaus mit
etwa 3500 Versteigerungen pro
Jahr: Bei Drouot kommt alles unter den Hammer, was des Sam-
melns wert scheint.

Louvre des Antiquaires (G 4)
2, place du Palais Royal (1er)
www.louvre-antiquaires.com
Métro: Palais-Royal
Etwa 250 (teure) Antiquitätenhändler unter einem Dach – kein
Terrain für Schnäppchenjäger.

Village Saint-Paul (K 6)
Rue Saint-Paul (4e)
Do–Mo 11–19 Uhr
Métro: Saint-Paul
In Hinterhöfen versteckte Trödel-
und Antiquitätenläden (etwa 40)
mitten im Marais.

Bücher

Sehr zu empfehlen sind auch einige
thematisch spezialisierte Museums-
buchhandlungen (nicht einzeln
aufgeführt).

Ciné Doc (H 3)
43–45, passage Jouffroy (9e)
Métro: Grands Boulevards
Kinobücher, Filmplakate und -fo-
tos, neu und antiquarisch.

Fnac (H 4)
Im Forum des Halles
1, rue Pierre-Lescot (1er)
www.fnac.fr
Métro: Les Halles
Frankreichs umsatzstärkster Buch-
und Mediensupermarkt. Filialen:
u. a. 136, rue de Rennes (6e),
Métro: Montparnasse-Bienvenüe;
74, av. des Champs-Elysées (8e),
Métro: George-V.

La Hune (G 6)
170, bd. Saint-Germain (6e)
Mo–Sa bis 24 Uhr
Métro: Saint-Germain-des-Prés
Klassische Rive-Gauche-Buchhand-
lung mit anspruchsvoller Literatur,
Kunst, Design, Architektur.

Librairie Gourmande (H 6)
4, rue Dante (5e)
Métro: Cluny-La Sorbonne
Tausende von Kochbüchern, neu
und antiquarisch.

Shakespeare & Co (H 6)
37, rue de la Bûcherie (5e)
Métro: Saint-Michel
Britisch-amerikanische Enklave am
linken Seine-Ufer, vollgestopft mit
antiquarischen Büchern.

Delikatessen & Spezialitäten

Berthillon (J 6)
31, rue Saint-Louis-en-l'Ile (4e)
Métro: Pont-Marie
Paris' berühmteste Eisdiele vor der
sich stets Schlangen bilden, ca. 40
wechselnde Eissorten.

Caviar Kaspia (F 3)
17, place de la Madeleine (8e)
Métro: Madeleine
Kaviar, Lachs, Forelle und *Foie
gras*, Wodka, Genever, Aquavit.

Debauve & Gallais (F 6)
30, rue des Saints-Pères (7e)
Métro: Saint-Germain-des-Prés
Schokolade und rund 40 Sorten Bonbons des einstigen Hoflieferanten haben schon Proust und Balzac begeistert.

Epicerie (J 6)
51, rue Saint-Louis-en-l'Ile (4e)
Métro: Pont-Marie
Essig, Öl, Konfitüren, Gewürze in hübschen kleinen Probiergrößen.

Fauchon (F 3)
26, place de la Madeleine (8e)
Métro: Madeleine
Neben Hédiard der zweite unangefochtene Spitzenreiter unter den Pariser Feinkostläden, einladend arrangierte Schaufenster.

Finkelsztajn (K 5)
24, rue des Ecouffes, und 27, rue des Rosiers (4e)
Métro: Saint-Paul
Osteuropäisch-jüdische Bäckerei: Sachertorte, Nuß-, Mohnstrudel.

Hédiard (F 3)
21, place de la Madeleine (8e)
Métro: Madeleine
Seit 1894 *der* Delikatessenladen von Paris, ein Mekka für Schlemmer, mit Bistro.

Izrael (J 5)
30, rue François-Miron (4e)
Métro: Saint-Paul
Exotische Gewürze, Trockenfrüchte, Spirituosen aus aller Welt, in kreativer Unordnung wie in Ali Babas Höhle.

Legrand Filles et Fils (G 4)
1, rue de la Banque (2e)
Métro: Bourse oder Palais-Royal
Sorgfältig ausgewählte Weine und Zubehör in einer ehemaligen Druckerei in der Galerie Vivienne.

La Maison du Miel (F 3)
24, rue Vignon (8e)
Métro: Madeleine
Honig aller Geschmacksrichtungen, von Thymian über Lavendel und Kastanie bis zu Millefleurs.

Maison de la Truffe (F 3)
19, place de la Madeleine (8e)
Métro: Madeleine
Trüffel (schwarze um 6000 FF/kg), getrüffelter Essig, Trüffelsauce.

Mariage Frères (J 5)
30, rue du Bourg-Tibourg (4e)
Métro: Hôtel de Ville
Mehr als 500 Sorten Tee stehen zur Auswahl, *Salon de thé* und kleines Teemuseum.

A l'Olivier (J 5)
23, rue de Rivoli (4e)
Métro: Saint-Paul
Olivenöl, Oliven, Essig, Senf.

Poîlane (F 6)
8, rue du Cherche-Midi (6e)
www.poilane.fr
Métro: Sèvres-Babylone
Berühmtester Bäcker in Paris, die Kunden stehen Schlange für das Graubrot und den Apfelkuchen.

Toraya (F 4)
10, rue St-Florentin (1er)
Métro: Concorde
Japanischer Hofkonditor mit *Salon de thé*. Das winzige Gebäck aus Bohnen, Reis oder Algen wird wie edler Schmuck arrangiert.

Flohmärkte

Marché d'Aligre (M 7)
Place d'Aligre (12e)
Métro: Ledru-Rollin
Di–So 9–13 Uhr
Der winzige Flohmarkt teilt sich der Platz mit einer schönen Markthalle.

Puces de Clignancourt / de Saint-Ouen (nördlich H 1)
Av. de la Porte de Clignancourt (18e)
Sa, So, Mo 7.30–19 Uhr
Métro: Porte de Clignancourt
Der größte und berühmteste Pariser Flohmarkt: Zwischen Tand, Talmi und Teurem warten noch echte Trouvaillen.

Puces de Vanves (südlich D 8)
Av. Marc-Sangnier (14e)
Sa, So 7–19 Uhr
Métro: Porte de Vanves
Weniger touristisch und kleiner.

Galerien

Die Pariser Galerien geben gemeinsam ein kostenloses Monatsprogramm der jeweiligen Ausstellungen heraus (mit Lageplan, Adressen, Telefonnummern).

Diesseits von Afrika: auf dem Flohmarkt Clignancourt

Anne de Villepoix (L 5)
11, rue de Tournelles (4e)
Métro: Bastille
Etablierte Künstler und Newcomer: Sam Samore, Valérie Jouve.

Chantal Crousel (J 5)
40, rue Quincampoix (4e)
Métro: Rambuteau
Fotografen, Bildhauer, Medienkunst: C Sherman, A. Messager.

Galerie Durand-Dessert (L 6)
28, rue de Lappe (11e)
Métro: Bastille
Das Ehepaar vertritt Merz, Rückriem, Richter, Kounellis, Garouste.

Ghislaine Hussenot (J 4)
5bis, rue des Haudriettes (3e)
Métro: Rambuteau
Die Galeristin zeigt Christian Boltanski, On Kawara, Franz West.

Yvon Lambert (K 5)
108, rue Vieille-du-Temple (3e)
Métro: Filles du Calvaire
Jean-Charles Blais oder Nan Goldin in einem Hinterhof im Marais.

Daniel Templon (J 4)
30, rue Beaubourg (3e)
Métro: Rambuteau
Templon vertritt Viallat, Le Gac, die Poiriers, Salle, Alberola.

Geschenke, Souvenirs, Ausgefallenes

Carrousel du Louvre (G 5)
www.carrousel-du-louvre.fr
Métro: Palais-Royal
Unterirdische Einkaufsgalerie am Louvre (11–20 Uhr, Di geschl.).

Kaufhaus mit prächtiger Belle-Epoque-Kuppel: Galeries Lafayette

Compagnie Française d'Orient et de la Chine (F 6)
163–167, bd. Saint-Germain (6e)
Métro: Saint-Germain-des-Prés
Lack- und Korbwaren, Kleidung, Keramik aus China, weiterer Laden: 170, bd. Haussmann (8e).

CSAO (K 5)
1–3, rue Elzévir (3e)
Métro: Saint-Paul
Die Compagnie du Sénégal et de l'Afrique de l'Ouest verkauft afrikanische Textilien, Kunsthandwerk und originelle Recyclingwaren.

Kimonoya (J 6)
11, rue du Pont-Louis-Philippe (4e)
Métro: Saint-Paul oder Pont-Marie
Alte und neue Kimonos, Tatami, Porzellan, Zubehör für Teezeremonien und Kalligraphie.

Le Monde Sauvage (J 4)
Rue Saint-Denis (1er)
Métro: Les Halles
Neues und altes Kunsthandwerk aus aller Welt: Basttaschen, Keramik, Körbe, Textilien, Kleinmöbel.

MUJI (G 6)
27 und 30, rue Saint-Sulpice (6e)
www.muji.co.jp
Métro: Odéon oder Saint-Sulpice
Japanisches ›Habitat‹: Basics für Büro, Bad, Küche, Kleiderschrank. Filiale u.a. 19, rue Auber (9e).

Papeterie Moderne (H 5)
12, rue de la Ferronnerie (1er)
Métro: Châtelet
Alte und nachgemachte Straßenschilder aus Email.

Papier Plus (J 6)
9, rue du Pont-Louis-Philippe (4e)
Métro: Saint-Paul oder Pont-Marie
Edles Schreibzubehör, Papiere und Karton in allen Farben und Stärken, Stifte, sorgfältig verarbeitete Notiz-, Adreß-, Tagebücher und Kalendarien. Gegenüber: Calligrane mit ähnlichem Sortiment.

Emilio Robba (G 4)
29, galerie Vivienne (2e)
Métro: Bourse
Künstliche Blumen aus Seide und anderen Materialien.

Kaufhäuser

Bon Marché (F 6)

5, rue Babylone (7e)
Métro: Sèvres-Babylone
Das einzige Kaufhaus (seit 1852) auf dem Rive Gauche, sehr schick, mit großer Abteilung für Designermode und überwältigender Lebensmittelauswahl im Nebengebäude.

Galeries Lafayette (G 2)

40, bd. Haussmann (9e)
www.galerieslafayette.com
Métro: Chaussée-d'Antin
Große Parfümerieabteilung, hochwertige Mode, Dessous und Accessoires, verführerische Geschirrabteilung im Untergeschoß.

Au Printemps (F 2)

64, bd. Haussmann (9e)
www.printemps.fr
Métro: Havre-Caumartin
Alle großen Marken sind in der Modeabteilung vertreten, das Restaurant im obersten Stockwerk besitzt eine wunderbare, farbige Belle-Epoque-Glaskuppel.

La Samaritaine (H 5)

Rue de Rivoli (1e)
Métro: Pont-Neuf
Art-Déco-Stil, gute Haushaltswarenabteilung. Vom Designer Hilton McConnico gestaltetes Restaurant Toupary. Den Blick von der Dachterrasse nicht versäumen!

Märkte

Rue de Buci (G 6)

(6e)
Métro: Mabillon
Geschäftige Marktstraße in Saint-Germain-des-Prés, Touristen und Anwohner kaufen ein, nette Cafés mit Ausblick.

Rue Montorgueil (H 4)

(2e)
Métro: Les Halles
Belebter Straßenmarkt, Fußgängerzone, mit mehreren Cafés zum Beobachten des bunten Treibens (Extra-Tour 1, s. S. 84).

Rue Mouffetard (J 8)

(5e)
Métro: Monge
Daß dieser Markt als erster von Touristen entdeckt wurde, merkt man ihm an, doch nette Cafés und das verlockende Angebot lohnen noch immer den Abstecher.

Marché Saint-Pierre (H 1)

Rue de Steinkerque (18e)
Métro: Anvers
Viele Stoffläden reihen sich in einigen benachbarten Straßen unterhalb von Sacré Cœur aneinander.

Möbel & Design

Colette (F 4)

213, rue Saint-Honoré (1er)
Métro: Tuileries
Shootingstar unter den Pariser Designerläden. Mode und Gebrauchsobjekte werden in minimalistischem Ambiente wie Kunst präsentiert. Nailbar inklusive. Erfrischung für Stadtneurotiker: mehrere Dutzend Sorten Mineralwasser.

Conran Shop (F 6)

117, rue du Bac (7e)
Métro: Sèvres-Babylone
Witziges und Praktisches vom englischen Design-Papst und Begründer der Habitat-Läden.

E. Dehillerin (H 4)

18–20, rue Coquillère (1er)
Métro: Les Halles
Küchenausrüstung für Profis, Töpfe und Bratpfannen, teils riesig.

🔶 Shopping

Souleïado (G 6)
78, rue de Seine (6e)
Métro: Mabillon
Bunte provenzalische Stoffe, Foulards, Tisch- und Bettwäsche.

VIA (M 6)
Av. Daumesnil (12e)
Métro: Bastille
Möbel junger Nachwuchsdesigner in den Bögen des Viaduc des Arts, einem zur Kunsthandwerkermeile ausgebauten Eisenbahnviadukt nahe der Bastille.

Mode

Agnes B. (H 4)
Rue du Jour (1er)
www.agnesb.fr
Métro: Châtelet-Les Halles
Mehrere Läden für Herren, Damen und Kinder mit hochwertiger, zeitlos klassischer Mode. Weitere Adresse: 22, rue Saint-Sulpice (6e), Métro: Saint-Sulpice.

Haute Couture

Fast alle klassischen Modemacher haben ihre Showrooms in der vornehmen Avenue Montaigne oder in der benachbarten Rue François-Ier: Ungaro, Christian Dior, Chanel, Krizia, Nina Ricci, Jil Sander, Pierre Balmain, Inès de la Fressange, Gianfranco Ferré, Calvin Klein, Versace, Givenchy, Francesco Smalto, Ted Lapidus, Valentino, Courrèges.

Azzedine Alaïa (J 5)
7, rue de Moussy (4e)
Métro: Hôtel de Ville
Der Tunesier präsentiert seine oft figurbetonte Mode in einem umgebauten Lagerhaus.

Barbara Bui (H 4)
23, rue Etienne-Marcel (2e)
Métro: Etienne-Marcel
Mode für Businessfrauen. Preiswertere Zweitkollektion. Das Bui-Café ist so in wie die Mode.

Comme des Garçons (H 4)
40–42, rue Etienne Marcel (2e)
Métro: Bourse
Androgyne Mode mit Kultstatus von Rei Kawakubo; für Männer und Frauen.

Jean-Paul Gaultier (G 4)
Galerie Vivienne (2e)
www.jpgaultier.fr
Métro: Bourse
Das Enfant terrible unter den französischen Couturiers und Madonnas Lieblingsdesigner.

Kenzo (H 4)
3, place des Victoires (2e)
Métro: Bourse
Stets neue Farbkombinationen und Einflüsse aus aller Welt werden ganz unfolkloristisch kombiniert. Weitere Adresse: 60–62, rue de Rennes (6e), Métro: Saint-Sulpice.

Christian Lacroix (G 6)
2–4, place Saint-Sulpice (6e)
Métro: Saint-Sulpice
Der aus der Provence stammende Couturier bevorzugt die leuchtenden Farben seiner Heimat. Weitere Adresse: av. Montaigne (8e), Métro: Franklin-Roosevelt.

Didier Ludot (G 4)
20–24, galerie Montpensier (1er)
Métro: Palais-Royal

Second-hand-Mode und Accessoires im Palais Royal: Klassiker der 20er bis 70er Jahre von Balenciaga, Chanel, Hermès, Balmain...

Issey Miyake (K 6)
3, place des Vosges (4e)
Métro: Bastille
Die Kreationen des Japaners sind gesteppt, plissiert, wattiert... Weiterer Laden: 17, bd. Raspail (7e), Métro: Rue du Bac.

Mouton à cinq pattes (G 6)
19, rue Grégoire-de-Tours (6e)
Métro: Odéon
Second-hand-Mode.   Weitere Adresse: 8, 10, 14 und 18, rue Placide (6e), Métro: Saint-Placide.

Sonia Rykiel (F 6)
179, bd. Saint-Germain-des-Prés (6e)
Métro: Saint-Germain-des-Prés
Weichfallende Strickmode, Kleider und Accessoires für Karrierefrauen (Herrenmode gegenüber, Nr. 194).

Yohji Yamamoto
45–47, rue Etienne Marcel (2e)
Métro: Sentier
Puristische japanische Mode in minimalistischer Boutique. Weiterer Laden: rue des Saints-Pères (6e), Métro: Sèvres-Babylone.

Parfüm & Kosmetik

Große Parfümerieabteilungen haben alle Kaufhäuser (s. S. 49); die bekannten Marken an eigenen Ständen präsentiert werden.

Sephora (C 3)
70, av. des Champs-Elysées (8e)
Métro: George-V
Schönheitstempel mit Riesenauswahl an Lippenstiften, Lidschatten, Nagellack, Parfüm.

Shiseido (G 4)
142, Galerie de Valois (1er)
Métro: Palais-Royal
Trendig-düsterer Laden des japanischen Kosmetikherstellers unter den Arkaden des Palais-Royal. Ausgestellt werden nur die Duftflakons, Tiegel und Tuben sind in Wandschränke verbannt.

Shu Uemura (F 6)
176, bd. Saint-Germain (6e)
Métro: Saint-Germain-des-Prés
Japanische Kosmetikserie in edeleinfacher Umgebung und ebenso schönen schlichten Behältnissen. Große Farbpalette, gute Beratung.

Schallplatten & CDs

Crocodisc (H 7)
40–42, rue des Ecoles (5e)
Métro: Maubert-Mutualité
Neue und Second-hand-LPs, Salsa, Reggae, Afro, Rap, Soul, Rock, Pop, Chansons. Um die Ecke Crocojazz (64, rue de la Montagne-Sainte-Geneviève) mit Jazz, Gospel, Blues, Country, Cajun.

Virgin Megastore (D 3)
60, av. des Champs-Elysées (8e)
Métro: Franklin-Roosevelt
www.virgin.fr
In den Schalterräumen der ehemaligen National City Bank sind Tausende CDs, Videos und Kassetten auf Lager. Fnac (s. S. 45) und Virgin bieten die größte Auswahl, viele Platten zum Anhören. Filiale im Carrousel du Louvre (s. S. 47).

Schmuck

Rund um Place Vendôme und Rue de la Paix haben sich Cartier, Chaumet und andere hochrangige Luxusjuweliere angesiedelt.

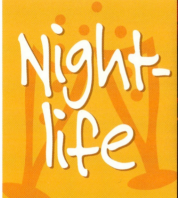

Die Nacht beginnt erst …

Die Pariser Nacht beginnt in Bars und Szenelokalen, erst weit nach Mitternacht füllen sich die Diskotheken. Treffpunkte sind die Rue de Lappe an der Bastille, die Rue Fontaine nahe Pigalle und das Marais (Infos im Internet u. a.: www.parissi.com, www.serialclubers.com).

Bars & Szenelokale

Bar des Ferrailleurs (L 6)
8, rue de Lappe (11e)
Tgl. 17-2 Uhr
Métro: Bastille
Schmale, dämmrige Bar im Factory-Stil mit Schrottdeko (*ferrailleur* = Alteisenhändler) in der fast ganz von Bars und Diskos okkupierten Rue de Lappe; die Technomusik gefällt auch Anarcho-Künstlern.

Barfly (C 3)
49, av. George-V (8e)
Tgl. 19–2 Uhr
Métro: George-V
Extrem schicke, teure Bar im Stil nobler New Yorker Clubs, in der nur schöne Menschen aus Mode- und Filmszene verkehren, mittags Restaurant mit Yuppie-Food wie Sushi, mit Eingangskontrolle.

Buddha Bar (E 3)
8, rue Boissy d'Anglas (8e)
Mo–Sa 12.30–14.30, 19.30–0.30,
So 19.30–0.30 Uhr
Métro: Concorde
Elegantes Szene-Restaurant im Souterrain, mit stimmungsvollem Dämmerlicht und einem riesigen, bronzenen Buddha. Die fernöstlich-kalifornisch inspirierte Küche lockt Models und Designer.

Café de l'Industrie (L 6)
16, rue Saint-Sabin (11e)
So–Fr 11–2 Uhr
Métro: Bastille
Ein angesagtes Szenelokal mit jungem Publikum, anspruchslose französisch-italienische Küche, nette Atmosphäre mit Flohmarktinterieur, stets bis auf den letzten Platz besetzt, relativ preiswert.

Café Marly (G 4) s. S. 41

China Club (L 6)
50, rue de Charenton (12e)
Tgl. 19–2 Uhr
Métro: Bastille oder Ledru-Rollin
Im asiatischen Kolonialstil mit viel rotem und schwarzem Lack und Rattansesseln, Restaurant, Bar im Keller, chinesischer ›Rauchsalon‹

... getanzt wird bis zum Morgengrauen

im Stil eines Clubs im Hongkong oder Shanghai der 20er Jahre in der ersten Etage, sehr hip, gute Cocktails und Longdrinks.

Le Comptoir (H 4)
37, rue Berger (1er)
So–Do 12–2, Fr, Sa 12–4 Uhr
Métro: Châtelet-Les Halles
Das Szenecafé mögen Models und Filmleute. Von der Terrasse Blick auf Saint-Eustache und die Grünanlage über dem Einkaufszentrum Forum des Halles (s. S. 88). Neuerdings sind Menükarte und Interieur marokkanisch gestylt.

Le Dépanneur (G 1)
27, rue Fontaine (9e)
Tgl. rund um die Uhr
Métro: Blanche
Die postmoderne Bar im Stil eines amerikanischen Diners nahe Pigalle ist der vorerst letzte Schrei des Pariser Nachtlebens, wenn auch das Personal leicht gelangweilt erscheint. Oft Techno-DJs.

L'Entre-Pôts (L 6)
14, rue de Charonne (11e)
Tgl. 16–2 Uhr
Métro: Bastille
Bar mit kulissenartigem Dekor

(halb Métro-Station, halb Filmset) im Bastille-Viertel, Modebiere wie Corona und viele Cocktails, Happy hour bis 20 Uhr, Jazz als Hintergrundmusik.

The Frog & Rosbif (J 4)
116, rue Saint-Denis (2e)
www.frogpubs.com
Tgl. 12–2 Uhr
Métro: Etienne-Marcel
Im Pub in der Fußgängerzone der Rue Saint-Denis werden Guinness und selbstgebraute Biere mit kuriosen Namen (Inseine, Darc de Triomphe, Parislytic) gezapft, dazu Rugby- und Football-Übertragungen im TV, preiswert und (für Paris) exotisch.

Fumoir (H 5)
6, rue del'Amiral-de-Coligny (1er)
Tgl. 11–2 Uhr
Métro: Louvre
Das Team des China Club betreibt auch diese wie ein englischer Club aufgemachte Bar gegenüber vom Louvre. Sehr angesagt, auch zum Essen, netter für Cocktails.

Harry's New York Bar (F 3)
5, rue Daunou (2e)
Tgl. 10.30–4 Uhr

Métro: Opéra

Die 1911 von einem amerikanischen Jockey gegründete Bar (die Mahagonivertäfelung wurde aus New York importiert) ist ein lebendiger Mythos und eine Pariser Institution. Die Cocktails Bloody Mary, Side Car und Blue Lagoon wurden hier erfunden, gediegenes, kosmopolitisches Publikum.

Lizard Lounge (J 5)

18, rue du Bourg-Tibourg (4e)
Tgl. 12–2 Uhr
Métro: Hôtel de Ville
Sehr belebte Bar in einem hohen Raum mit Galerie, viele Biersorten und Longdrinks, für Pariser Verhältnisse relativ preiswert, animierte Stimmung, Sa, So Brunch.

Le Moloko (G 1)

26, rue Fontaine (9e)
Tgl. 21.30–6 Uhr
Métro: Blanche
Beliebte Bar nahe Pigalle auf zwei Etagen, erst ab 2 Uhr voll (bis Mitternacht Happy hour!), bunt-gemischte Nachtszene, die Gäste betätigen sich als DJs an der Jukebox.

Objectif-Lune (L 6)

19, rue de la Roquette (11e)
Mo–Sa 19–2 Uhr
Métro: Bastille
Winzige Bar mit großer Tequila- und Mezcal-Auswahl, Startpunkt für eine Nacht in den Szenelokalen des Bastille-Viertels.

La Perla (J 5)

26, rue François-Miron (4e)
Tgl. 12–2 Uhr
Métro: Hôtel de Ville
Tex-Mex-Bar mit guten Cocktails, und unübertroffen vielen Sorten Tequila. Die mexikanische Küche wird von einer schicken, überwiegend französischen Klientel geschätzt.

Trendy!

Das neue Szeneviertel heißt Oberkampf. In der gleichnamigen Straße liegt eine Szenebar neben der anderen. Vorreiter war das sehenswerte Café Charbon. Dazu kamen Mécano, Favela Chic, Cithéa, Scherkhan und andere.

Tapas Nocturne (L 6)

17, rue de Lappe (11e)
Di–So 19.30–2 Uhr
Métro: Bastille
Die älteste Pariser Tapas-Bar liegt im Bastille-Viertel, spanische Sänger oder Gitarristen live, Barcelona oder Madrid sind nicht weit.

Diskotheken

Wie in allen Großstädten wechselt schnell, was gerade in der Szene aus Prominenz und Nachtvögeln hip ist, auch hängt es teilweise vom Wochentag ab. Der Trend geht zu Events und Themenabenden, die von Gast-DJs oder professionellen Partyorganisatoren gestaltet werden. Fast überall wird mindestens Fr und Sa Eintritt verlangt. Um 120 FF (inkl. Getränk).

Les Bains (J 4)

7, rue du Bourg-l'Abbé (3e)
Tgl. ab 23.30 Uhr
Métro: Etienne-Marcel
Schickes Publikum, Pariser Jet-set und Models, streng filternde Türsteher, das ehemalige türkische Bad ist der Dauerbrenner unter den Pariser Diskotheken, hier geht es vor allem ums Sehen und Gesehenwerden. Viel Techno.

Le Balajo (L 6)
9, rue de Lappe (11e)
Mi, Do ab 22, Fr, Sa ab 23.30 Uhr
Métro: Bastille
Legendärer Tanzclub im originalen, leicht kitschigen 30er-Jahre-Dekor, heute Diskothek, von 50er-Jahre- bis Diskomusik, Sa und So ab 15 Uhr Bal Musette (Tanztee) mit Akkordeonmusik.

Bataclan (L 4)
50, bd. Voltaire (11e)
Do–Sa ab 23 Uhr
Métro: Oberkampf
Eine der ältesten Music-Halls von Paris in mittlerer Größe zwischen Club und Konzertsaal. Abwechselnd Live-Musik oder Disko mit House und Techno oder Partys mit bekannten DJs oder Gay-Nächte.

Bus Palladium (G 1)
6, rue Fontaine (9e)
Di–Sa ab 23 Uhr
Métro: Pigalle
Disko des Besitzers von Les Bains und Queen, gemischtes Publikum, Disko-Sound mit einer Prise 60er-Jahre-Nostalgie und Themenabenden (London-Party, Soirées Folles).

La Chapelle des Lombards (L 6)
19, rue de Lappe (11e)
Do–Sa ab 23 Uhr
Métro: Bastille
Karibische, afro- und lateinamerikanische Musik, Salsa, animierte Stimmung bis in die Morgenstunden, das multikulturelle Publikum schwooft sich in Schweiß.

Divan du Monde (Nebenkarte)
75, rue des Martyrs (18e)
Tgl. ab 20.30, Club ab 23.30 Uhr
Métro: Pigalle
Musikclub am Montmartre, direkt am Place Pigalle, mit Livemusik von World bis Rock, danach Disko, brasilianische Nacht, Hip Hop oder Samba – Tanzen steht hier im Mittelpunkt. Wechselnde DJs, bunt gemischtes Publikum. Für den Aperitif, Kaffee oder kleinen Imbiß vorher empfiehlt sich das hippe Café La Fourmi gegenüber.

Le Gibus (K 3)
18, rue du Fbg.-du-Temple (10e)
Mi–So ab 23.30 Uhr
Métro: République
Rock, Jungle, Techno, Salsa, Rave oder House, zum Teil auch Livekonzerte. Junges Publikum, über 30 ist man hier alt. Gay-Nächte.

La Java (L 3)
105, rue du Fbg.-du-Temple (10e)
Do–Sa ab 23 Uhr
Métro: Goncourt oder Belleville
Lateinamerikanische Musik: DJs, Livekonzerte oder Jam Sessions.

La Locomotive (G 1)
90, bd. de Clichy (18e)
Di–So ab 23 Uhr
Métro: Blanche
Diskofabrik auf drei Stockwerken und 2500 m², am Montmartre neben dem Moulin Rouge, junges Publikum, gute Lichttechnik.

Keur Samba (D 3)
79, rue la Boétie (8e)
Tgl. ab 23 Uhr
Métro: Franklin-Roosevelt
Afrikanische und karibische Musik, die Türsteher sortieren unerbittlich, auf der kleinen Tanzfläche tummelt sich viel farbiges Publikum aus betuchten Verhältnissen.

Rex Club (J 3)
5, bd. Poissonnière (2e)
Mi–Sa ab 23 Uhr
Métro: Bonne Nouvelle
Techno-Disko mit französischen und internationalen Gast-DJs.

Nightlife

Jazz

In Paris ist Jazz populär: Zahlreiche Clubs jeder Größe und Ausrichtung bieten ein vielseitiges Programm für Fans jeder Richtung (www.jazzfrance.com).

Caveau de la Huchette (H 6)
5, rue de la Huchette (5e)
Tgl. ab 21.30 Uhr
Métro: Saint-Michel
Verräucherter Jazzkeller im Studentenviertel, der in Filmen aus den 50er Jahren häufig zu sehen war. Seither hat sich wenig geändert. Hier gibt's Livemusik: Rock'n' Roll, Traditional Jazz, Swing.

Au Duc des Lombards (H 5)
42, rue des Lombards (1er)
Di–Sa 22–4 Uhr
Métro: Châtelet
Klassischer Livejazz in Clubatmosphäre, oft renommierte Musiker. Reservierung empfohlen. Die Akustik ist allerdings nicht die beste.

Latitudes Jazz Club (G 6)
7–11, rue Saint-Benoît (6e)
Di–Sa ab 22.30 Uhr
Métro: Saint-Germain-des-Prés
Jazz-Sänger, Blues, Swing, Boogiewoogie, Salsa, Gospels.

Le Méridien Club Lionel Hampton (B 1)
Im Hotel Méridien, 80, bd. Gouvion-Saint-Cyr (17e)
Tgl. ab 22.30 Uhr
Métro: Porte Maillot
Jazzbar im Méridien-Hotel mit berühmten Gastmusikern, hohe Preise. So Jazz-Brunch; Soul, Gospel, Rhythm'n'Blues.

New Morning (J 3)
7–9, rue des Petites-Ecuries (10e)
Tgl. ab 21 Uhr
Métro: Château-d'Eau

Der bekannteste Pariser Jazzclub bietet auch das größte Konzertprogramm: Internationale Stars mit hervorragendem Ruf sind hier zu Gast. Jazz, Blues, Soul, US-, lateinamerikanische und afrikanische Musiker.

Petit Journal Montparnasse (E 8)
13, rue du Commandant-René-Mouchotte (14e)
Di–Sa ab 22 Uhr
Métro: Montparnasse
Bar-Restaurant (Menü 320 FF), exzellente Orchester und Solisten: auch Blues, Cajun, New Orleans Jazz.

Le Petit Opportun (H 5)
17, rue des Lavandières-Sainte-Opportune (1er)
Di–Sa ab 22.30 Uhr
Métro: Châtelet
Der älteste Pariser Jazzkeller ist winzig und verräuchert, aber authentisch und renommiert. Hier hat sich seit den 50er Jahren wenig verändert.

Sunset (H 5)
60, rue des Lombards (1er)
Tgl. ab 22.30 Uhr
Métro: Châtelet
Kleiner Jazzkeller mit vielen *aficionados*, die den Musikern andächtig ihre Aufmerksamkeit widmen. So Jazz-Vocal, Mo Latin-Jazz, Di Newcomer, Mi–Sa international bekannte Jazz-Ensembles.

Gay & Lesbian

Die Kneipenszene für Gays ist weit größer als für Lesben und konzentriert sich im Marais, rund um die Rue Sainte-Croix de la Bretonnerie, in der die Buchhandlung Les Mots à la Bouche Spezialliteratur und

Auskünfte bereithält. Weitere Infos auch im Kulturzentrum, Centre Gai et Lesbien, 3, rue Keller (11e), Tel. 01 43 57 21 47, Métro Ledru-Rollin, Mo–Sa 14–20, So 14–19 Uhr.

Amnesia (K 5)
42, rue Vieille-du-Temple (4e)
Tgl. 10.30–2 Uhr
Métro: Hôtel-de-Ville
Gemütlicher Gay-Treff im jüdischen Teil des Marais. Am Wochenende Brunch.

Banana Café (H 5)
13, rue de la Ferronnerie (1er)
Tgl. 16.30 Uhr bis Morgengrauen
Métro: Châtelet
Angesagte Bar im tropischen Stil, Prominente aus Showbizz, mehr schwul als hetero, schräge Szene.

Le Pulp (H 3)
25, bd. Poissonnière (2e)
Do–Sa ab 24 Uhr
Métro: Grands Boulevards
Angesagter Lesbentreff, Mi, Fr, Sa Techno und House, So Soul, Funk, Do Latino-Musik.

Le Queen (C 3)
102, Champs-Elysées (8e)
Tgl. ab 23.30 Uhr
Métro: George-V
Überaus erfolgreicher Tanztempel auf zwei Etagen an den Champs-Elysées. Mi Respect Party (Hetero), wechselnde Musikrichtungen. Extravagantes Gay-Publikum (*Drag Queens,* viel nackte Haut).

Quetzal (J 5)
10, rue de la Verrerie (4e)
Mo–Fr 14–2, Sa, So 16–2 Uhr
Métro: Hôtel de Ville
Viele hübsche junge Männer drängeln sich in dieser angesagten Bar im Marais. Rundherum, etwa in Rue des Archives und Rue Vieille-du-Temple, weitere Bars.

Les Scandaleuses (K 5)
8, rue des Ecouffes (4e)
Tgl. 18–2 Uhr
Métro: Hôtel de Ville
Kleine Bar mit junger lesbischer Szene: Animierte Stimmung, Ausstellungen von Künstlerinnen.

Nächtliches Vergnügen nur für Touristen: Moulin Rouge

Kultur & Unterhaltung

Unentbehrlich für Konzerte, Kino-programme, Ausstellungen, Öffnungszeiten sind **Pariscope** (www.pariscope.fr; enthält außerdem acht Seiten Tips des englischsprachigen Stadtmagazins Time out) oder **L'Officiel des Spectacles**. Beide Veranstaltungskalender erscheinen wöchentlich. Informativ ist auch das **Nova Magazine**, ein schrilles Monatsmagazin mit Trends, Szeneinfos und Tips für Parties und Themennächte (www.novaplanet.com).

Kartenvorverkauf
Kiosque de la Madeleine (F 3)
15, place de la Madeleine (8e)
Di–Sa 12.30–20, So 12.30–16 Uhr
Métro: Madeleine
Karten für denselben Abend für fast alle rund 120 Pariser Theater zum halben Preis.
Normaler Kartenvorverkauf (Theater, Konzerte, Kabarett u. v. a.) im **Fnac** (s. S. 45) und im **Virgin Megastore** (s. S. 51).

Feste & Festivals

L'An 2000: Zur Millenniumsfeier ist nicht nur eine riesige Silvesterparty geplant, auch das ganze Jahr 2000 über gibt es Aktionen und Aktivitäten. Infos im Internet: www.celebration2000.gouv.fr

Grande Parade (1. Jan.): Großer Umzug durch Paris, mit Akrobaten, Wagen, Musikkapellen.

Festival d'Art Sacré: Ostern und Dez., Kirchenmusik in Notre-Dame und anderen Pariser Kirchen.

Festival du Film des Femmes (Ende März): Créteil, Maison des Arts, place Salvador-Allende, Métro: Créteil, Tel. 01 49 80 38 98, www.gdebussac.fr/filmfem. Internationales Frauenfilmfestival, Retrospektiven, Wettbewerb.

Foire du Trône (April–Mai): Jahrmarkt im Bois de Vincennes, mit allen Attraktionen vom Riesenrad bis zur Geisterbahn.

Festival de la Butte Montmartre (erste Junihälfte): Theater, Tanz, Musik.

Fête de la Musique (21. Juni): Livemusik von Klassik über Jazz bis Rock und Worldmusic unter freiem Himmel, in Parks, auf Plätzen und Straßen. Im Jahr 2000 auch als **PeripheRock** – Hunderte von Bands spielen auf dem Autobahnring, der teilweise für den Verkehr gesperrt wird.

Nationalfeiertag (14. Juli): Das größte Fest in Paris, Militärparade auf den Champs-Elysées, Feuerwehrbälle am Abend vorher, vor allem auf der Place de la Bastille, Feuerwerk abends. Historisches Spektakel von Robert Hossein (Seine-Ufer und Champs-Elysées).

Fêtes de la Seine (1.–4. Sept.): Paris feiert seinen Fluß.

Festival d'automne (Mitte Sept. – Mitte Dez.): Auskunft Tel. 01 42 96 12 27, www.festival-automne.com. Herbstfestival mit Musik, Theater, Tanz, Film, in- und ausländische Produktionen auf verschiedenen Pariser Bühnen.

Journées du Patrimoine (Mitte Sept.): Tag der offenen Tür in historischen und öffentlichen Gebäuden, etwa dem Elysée-Palast (Sitz des Staatspräsidenten) und dem Hôtel Matignon (Sitz des Premierministers).

Kinos

Paris ist ein Paradies für Cineasten: Programmkinos, Filme in der Originalsprache, Matinée- und Nachtvorstellungen und ein riesiges Programmangebot von kommerziell erfolgreichen Filmen über Holly-

14. Juli: Ganz Paris tanzt auf Feuerwehrbällen

woodklassiker bis zu Filmen aus der Dritten Welt lassen keinen Wunsch unerfüllt. Mo und/oder Mi ermäßigte Tarife sowie tgl. für Studenten (bis 25). Tip: Juli/Aug. jeden Abend Open-Air-Kino im Parc de la Villette (s. S. 69), gegen 23 Uhr (s. Pariscope), Liegestuhl und Decke kann man mieten.

Cinéma des Cinéastes (Nebenkarte)
7, av. de Clichy (17e)
Métro: Place Clichy
Das Programmkino wurde 1996 von den Regisseuren Jean-Jacques Beineix und Claude Lelouch in Clichy eröffnet.

Cinémathèque (C 4)
Avenue du Président Wilson (16e)
Métro: Iéna
Die 1936 von Henri Langlois gegründete Cinémathèque (s. S. 74) zeigt Filmklassiker, Retrospektiven und thematische Reihen. Nach einem Brand 1997 ist das Kino jetzt wiedereröffnet.

Dome Imax (westlich A 2)
La Défense, parvis de La Défense
Métro: Grande Arche-La Défense
Hemisphärenkino mit halbkugelförmiger Leinwand (27 m Durchmesser). Regelmäßig läuft ein 90-Min.-Film über die Rolling Stones.

L'Entrepôt (südlich E 8)
7, rue Francis de Pressensé (14e)
Métro: Pernety
Reihen zu einzelnen Regisseuren oder Themen in einem umgebauten Lagerhaus mit Buchladen und Café. Zum Teil sind Filmemacher zu Gast.

Géode (Nebenkarte)
26, av. Corentin-Cariou (19e)
Métro: Porte de la Villette
Di–So 10–21 Uhr

In der glitzernden Kugel des Hemisphärenkinos mit 1000 m²-Leinwand taucht man direkt ins Filmgeschehen ein (im Parc de la Villette, s. S. 69).

Le Grand Rex (H 3)
1, bd. Poissonnière (2e)
www.legrandrex.com
Métro: Bonne Nouvelle
Unter Denkmalschutz stehendes Art-Déco-Kino mit großer Leinwand (2600 Plätze). Das größte Kino Europas zeigt vor allem internationale Kassenschlager. Kulissen und Technik können besichtigt werden (Dauer circa 45 Min., Mi–So 10–19.30 Uhr).

Max Linder Panorama (H 3)
24, bd. Poissonnière (9e)
Métro: Grands Boulevards, Bonne Nouvelle
Das Programmkino mit Balkon und riesiger, gewölbter Leinwand (18 x 10 m) zeigt ein anspruchsvolles Programm ausgesuchter Kunst- und Experimentalfilme.

MK2-sur-Seine (Nebenkarte)
8–14, quai de la Seine (19e)
Métro: Stalingrad
Sechs neue Kinos am Bassin de la Villette. Das Programmkino wurde in einem alten Bootshangar eingerichtet, vom zugehörigen Café mit Terrasse (Rendez-vous des Quais, s. S. 42) schöner Blick auf den Canal Saint-Martin.

Forum des Images (H 4)
Im Forum des Halles,
Grande Galerie (1er)
www.vdp.fr
Di–So 12.30–20.30 Uhr
Métro: Châtelet-Les Halles
Die Videothek, audiovisuelles Gedächtnis von Paris, besitzt mehr als 6000 Filme mit Paris als Thema oder Drehort (Dokumentar- und Spielfilme). Man kann die Filme des Programms anschauen oder sich andere aus dem Archiv heraussuchen lassen.

Konzerte & Oper

Châtelet – Théâtre musical de Paris (H 5)
Place du Châtelet (4e)
Tel. 01 40 28 28 40
Métro: Châtelet
Hochrangige Inszenierungen zeitgenössischer Opern, Konzerte und Ballett in einem ehemaligen Theater.

Cité de la Musique (Nebenkarte)
209, av. Jean-Jaurès (19e)
www.cite-musique.fr
Tel. 01 44 84 44 84
Métro: Porte de Pantin
Salle des Concerts im Parc de la Villette, 800–1200 Plätze, Spielstätte des Ensemble InterContemporain. Zeitgenössische Musik, Klassik, Jazz, Worldmusic.

Maison de la Radio (A 6)
116, av. du Prés.-Kennedy (16e)
Tel. 01 42 30 15 16
Mo–Sa 11–18 Uhr
Métro: Maison de la Radio
Häufig gratis. Der Konzertsaal im runden, Camembert genannten Bau des französischen Rundfunks ist Spielstätte des Orchestre National de France und des Orchestre Philharmonique de Radio France.

Opéra de la Bastille (L 6)
11bis, av. Daumesnil (12e)
www.opera-de-paris.fr
Tel. 01 44 73 13 00
Métro: Bastille
Die ›Volksoper‹ bietet aufwendige Technik, hervorragende Akustik für

Opern, Konzerte, Tanz, Theater; Bar mit grandiosem Blick auf die Place de la Bastille, 2700 Plätze.

Salle Pleyel (C 2)
252, rue du Fbg.-Saint-Honoré (8e)
Tel. 01 45 61 53 00
Métro: Ternes
Bedeutendster Pariser Konzertsaal mit 3000 Plätzen, weltberühmte Solisten und Dirigenten, Spielstätte des Orchestre de Paris.

Théâtre des Champs-Elysées (C 4)
15, av. Montaigne (8e)
Tel. 01 49 52 50 50
Métro: Alma-Marceau
Elegantes Theater, in dem international renommierte Orchester, Solisten und Ballettensembles gastieren, Konzertreihen von Barock bis Moderne, 1900 Plätze. So Matinée mit Kammermusik.

Theater & Tanz

Bouffes du Nord (K 1)
37bis, bd. de la Chapelle (18e)
Tel. 01 46 07 34 50
Métro: La Chapelle
Faszinierend-heruntergekommenes Theater mit poetisch-nostalgischer Atmosphäre. Peter Brook inszeniert seit 1974 mit einem multinationalen Ensemble ungewöhnliche Stücke wie das indische Neun-Stunden-Epos Mahabharata.

Cartoucherie (östlich M 7)
Route du Champ-des-Manœuvres (12e)
Métro: Château de Vincennes und Shuttlebus oder Bus 112
Die seit 1970 in eine Spielstätte verwandelte Munitionsfabrik im Bois de Vincennes nutzen fünf Bühnen, darunter das legendäre Théâtre du Soleil von Ariane Mnouchkine (Tel. 01 43 74 87 63).

Kolossal und kühn: die neue Bastille-Oper

Comédie Française (G 4)
Place Colette (1er)
www.comedie-francaise.fr
Tel. 01 44 58 15 15
Métro: Palais-Royal
Das 1680 gegründete National-theater Frankreichs, Schwerpunkt des Repertoires bilden Klassiker wie Molière, Racine, Marivaux.

Palais Garnier – Opéra (G 3)
Place de l'Opéra (9e)
www.opera-de-paris.fr
Tel. 01 44 73 13 00
Métro: Opéra
Klassisches Ballett in der restau-rierten, prunkvollen alten Oper, rund 2000 Plätze, z. T. auch Auf-führungen, für die die Bastille-Oper zu groß ist.

Théâtre de Chaillot (B 4)
Place du Trocadéro (16e)
Tel. 01 47 27 81 15
Métro: Trocadéro
Theater von Jérôme Savary im Pa-lais de Chaillot, 1185 bzw. 400 Plätze, europäische Klassiker und Musikrevuen fürs große Publikum.

Théâtre de la Huchette (H 6)
23, rue de la Huchette (5e)
Tel. 01 43 26 38 99
Métro: Saint-Michel
Winziges Theater im Quartier La-tin, das seit 40 Jahren ununterbro-chen dasselbe Stück von Eugène Ionesco spielt (»La Cantatrice chauve«, Die kahle Sängerin).

Théâtre du Vieux Colombier (F 6)
21, rue du Vieux Colombier (6e)
Tel. 01 44 39 87 00
Métro: Saint-Sulpice
Zweite, kleine Bühne der Comédie Française für zeitgenössische Stücke und Kammerspiele.

Théâtre de la Ville (H 5)
2, place du Châtelet (4e)
Tel. 01 42 74 22 77
Métro: Châtelet
Zeitgenössisches Tanztheater, in-ternationale Gastchoreographen, von Pina Bausch über Carolyn Carlson bis zu japanischen Butoh-Gruppen, 1000 Plätze.

Kabarett

Café-Théâtres, kleine Theater mit kabarettistischen Vorstellungen, in denen man auch essen, zumindest aber etwas trinken kann, sind eine französische Spezialität. Da der Witz eher auf Wortspielen als auf Klamauk aufbaut, sind gute Sprachkenntnisse Voraussetzung für ein ungetrübtes Vergnügen.

Blancs-Manteaux (J 5)
15, rue des Blancs-Manteaux (4e)
Tel. 01 48 87 15 84
Métro: Hôtel de Ville
Satirisches Kabarett in altem Ge-wölbekeller, eines der ältesten Café-Théâtres in Paris.

Café de la Gare (J 5)
41, rue du Temple (4e)
Tel. 01 42 78 52 51
Métro: Hôtel de Ville
Über einen Innenhof zu erreichen, in einem alten Gebäude im Ma-rais, erfolgreiche Ein- oder Zwei-Mann- bzw. Frau-Shows. Hier be-gannen Coluche und Depardieu ihre Karriere.

Point Virgule (J 5)
7, rue Sainte-Croix de la Bretonnerie (4e)
Tel. 01 42 78 67 03
Métro: Hôtel de Ville
Das winzige, plüschig-rote Thea-ter gilt als Comedy-Talentschmie-de, im Sommer Comedy-Festival.

Revuetheater

Die glitzernden Revuetheater, Relikte einer vergangenen Epoche, zeigen meist mehrere Shows: mit Diner um 20 Uhr (um 800 FF), mit Champagner (um 500 FF) gegen 22 Uhr und/oder evtl. um Mitternacht.

Lido (C 3)
116, av. des Champs-Elysées (8e)
www.lido.fr
Tel. 01 40 76 56 10
Métro: George-V
Klassisches Revuetheater mit den Bluebell-Girls.

Moulin Rouge (G 1)
82, bd. de Clichy (18e)
www.moulin-rouge.com
Tel. 01 46 06 00 19
Métro: Blanche
Im berühmtesten Varieté der Welt und Wahrzeichen des Pariser Rotlichtviertels Pigalle wurde der Cancan geboren. Heute traditionelles Revuetheater mit den Doriss-Girls für Touristen.

Crazy Horse (C 4)
12, av. Georges-V (8e)
www.crazy-horse.fr
Tel. 01 47 23 32 32
Métro: Alma-Marceau
Die nackten Tänzerinnen werden von Lichttechnik so raffiniert eingehüllt, daß sie fast angezogen wirken, sexy und amüsant.

Paradis Latin (J 7)
28, rue du Cardinal-Lemoine (5e)
Tel. 01 43 25 28 28
Di geschl.
Métro: Cardinal-Lemoine
Einfallsreich choreographierte Revue und viele Spezialeffekte in einem schönen, alten Theater im Quartier Latin.

Veranstaltungsorte

La Cigale (H 1)
120, bd. Rochechouart (18e)
Tel 01 49 25 89 99
Métro: Pigalle
Rockkonzerte, Worldmusic und Brit-Pop in einem ehemaligen Vaudeville-Theater.

Elysée Montmartre (H 1)
72, bd. Rochechouart (18e)
www.elyseemontmartre.com
Tel. 01 44 92 45 45
Métro: Anvers
Heavy Metal, Rap- und Reggae, Rock'n'Roll und Jazz in ehemaligem Vaudeville-Theater bzw. Boxkampfarena.

Stade de France (außerhalb)
St-Denis
Tel. 01 44 68 44 44
Métro: St-Denis-Porte de Paris
Das riesige Stadion (80 000 Plätze) wurde für die Fußballweltmeisterschaft 1998 erbaut, Entwurf von Stararchitekt Jean Nouvel. Seither finden hier auch die ganz großen Konzertereignisse statt; Johnny Halliday machte den Anfang.

Olympia (F 3)
28, bd. des Capucines (9e)
Tel. 01 47 42 25 49
Métro: Opéra oder Madeleine
Der legendärste Konzertsaal von Paris wurde abgerissen und komplett wieder aufgebaut. Für französische Chansonniers und Popgrößen gilt ein Auftritt wie zuvor als das I-Tüpfelchen ihrer Karriere.

Zénith (Nebenkarte)
211, av. Jean-Jaurès (19e)
Métro: Porte de Pantin
Ursprünglich als Provisorium gedachte Zelthalle mit 6400 Plätzen für große Rock- und Popkonzerte im Parc de la Villette (s. S. 69).

Métro: Rambuteau
Schick-modisches Dampfbad mit Schönheitssalon, in warmen Farben gemütlich ausgestattet, Werbe-, Film-und Modelprominenz und *wannabees*, teuer (ab 180 FF).

Joggen & Radfahren

Paris ist keine Stadt für Radfahrer, auch wenn inzwischen einige Fahrradspuren angelegt wurden. Ruhigere Stadtrandgebiete und Touren zum Bois de Boulogne oder Bois de Vincennes sind aber angenehm, ebenso wie die Straßen und Seine-Quais, die So für den Verkehr gesperrt werden. Eine schöne Tour führt entlang dem Canal de l'Ourcq bis nach Meaux (40 km).

Viele Jogger bevorzugen Bois de Boulogne und Bois de Vincennes (s. S. 76) wegen der Größe, beliebt sind aber auch die kleinen, zentraler gelegenen Parks Buttes-Chaumont (19e; s. S. 77) und Montsouris (14e), weil das Bergauf, Bergab über die (künstlich angelegten) Hügel eine echte Herausforderung ist. Auch die neue Promenade Plantée (s. S. 77) erfreut sich wachsender Beliebtheit.

Fitness

Espace Vit'Halles (J 4)
48, rue Rambuteau (3e)
Tel. 01 42 77 21 71
Mo–Fr 8–22, Sa 10–19,
So 10–15 Uhr
Métro: Les Halles
Bodybuilding, Gymnastik, Jazztanz, Step-Aerobic, Stretching, Low-impact, Sauna; wird in der amerikanischen Presse als bester Fitnessclub Europas beurteilt.

Dampfbäder

Hamam de la Mosquée (J 8)
39, rue Geoffroy Saint-Hilaire (5e)
Frauen: Mo, Mi, Do, Fr, Sa.
Männer: Di, So. Tgl. 10–20 Uhr.
Di erst ab 14, Mi ab 12 Uhr
Métro: Censier-Daubenton
Im orientalischen Dampfbad der Moschee mit marmornen Schwitzräumen und Ruheraum, in dem Pfefferminztee serviert wird, vergißt man, daß man in Paris ist.

Les Bains du Marais (J 5)
31, rue des Blancs-Manteaux (4e)
Tel. 01 44 61 02 02. Frauen: Mo, Di, Mi. Männer: Do, Fr, Sa. Gemischt: So sowie Mi, Sa ab 20 Uhr

Schwimmbäder

Die Hallenbäder haben unregelmäßige Öffnungszeiten, daher vorher (im »Pariscope«) informieren.

Aquaboulevard
4–6, rue Louis-Armand (15e)
Métro: Balard
Großes Spiel- und Spaßbad mit Whirlpools, Sauna, Fitness-Bereich, Solarien, Tennis, Squash, plätzen, Golf, Bowling, Billard.

Mitmachen!

An schönen Sommerabenden tanzen am So Tangofans unter freiem Himmel am Seine-Ufer (Quai Saint-Bernard, 18.30–23 Uhr). Und jeden Fr starten rund 1000 Inline-Skater zu einer 25 km-Rallye (Place d'Italie, 21.45 Uhr).

Gaudi für Zuschauer: der Kellner-Wettlauf

Piscine des Halles (H 4)
Place de la Rotonde
Métro: Châtelet-Les Halles
Unterirdisches modernes Hallenbad mit 50-m-Becken und Glasdach im Forum des Halles.

Piscine de Pontoise (J 7)
19, rue de Pontoise (5e
Métro: Maubert-Mutualité
Schönes altes Schwimmbad aus den 30er Jahren, 33-m-Becken.

Tennis

In Paris gibt es ca. 150 städtische Tennisplätze (für die Nachfrage zu wenige), die gegen eine geringe Gebühr und ohne Mitgliedschaft genutzt werden können. Man muß sich dafür bei L'Espace Information Jeunesse et Sports, Tel. 01 42 76 22 60, die kostenlose Karte »Paris-Tennis« ausstellen lassen. Schöne Plätze im Stadtzentrum gibt es z. B. im Jardin du Luxembourg, die meisten liegen jdoch am Stadtrand nahe dem Autobahnring. Auskunft Mo–Fr 10.30–17 Uhr bei Allô Sports, Tel. 01 42 76 54 54.

Zuschauersport

Grand Tournois (März): Stade de France, Saint-Denis, Métro: Saint-Denis-Porte de Paris. Im 80 000-Plätze-Stadion findet das Fünf-Nationen-Turnier im Rugby statt.

Paris-Marathon (9. April): Klassischer Laufwettkampf über 42,5 km, Start und Ziel Champs-Elysées (www.parismarathon.com).

French Tennis Open: (Ende Mai –Anfang Juni): Stadion Roland Garros, 2, av. Gordon-Bennett (16e), Métro: Porte d'Auteuil. Internationale Tennismeisterschaften (www.rolandgarros.org).

Course des Serveuses et des Garçons de Café (Ende Juni): Start und Ziel Hôtel de Ville, 8 km, Kellner-Wettlauf – in Berufskleidung und mit vollem Tablett.

Tour de France (Ende Juli): Ziel Champs-Elysées. Zur Jahrtausenwende findet die ganze letzte Etappe des berühmten französischen Radrennens in Paris statt (www.letour.fr).

Pariser Stadtviertel

Als Metropole sorgt Paris schon mit der Vielzahl der Monumente und Museen für ein volles Programm. Doch nahe kommt man der Stadt erst beim ziellosen Flanieren. Jeder Stadtteil hat seinen eigenen Charakter, seinen eigenen Stil und Reiz. Zu entdecken sind versteckte Hinterhöfe, belebte Marktstraßen und luxuriöse Boutiquen, kleine Handwerksateliers und multikulturelle Vielfalt.

Bastille (L/M 5/6)

Der Osten jenseits der Place de la Bastille und der neuen Oper ist momentan das Künstlerviertel und besonders fürs nächtliche Ausgehen attraktiv. Die nostalgische Atmosphäre der Hinterhofwerkstätten von Möbelbauern und Buchbindern hat Galeristen und Maler hergelockt, die sich Fabriketagen zu großzügigen Lofts ausgebaut haben. In den Bistros und Bars der Rue de Lappe, einst Terrain der zugezogenen Auvergnaten, macht ein junges Publikum die Nacht zum Tag. Mit Viaduc des Arts (s. S. 50, 77), Promenade Plantée und dem Parc in Bercy (s. S. 77) wird nun der Rest ›aufgemöbelt‹.

Les Halles und Montorgueil (H/J 4/5)

Rund um das Centre Pompidou und das Forum des Halles an der Stelle der einstigen Markthallen geht es fröhlich-jung zu. Jeansboutiquen, Platten- und Postkartenläden, Jazzclubs und Szenelokale bestimmen den Charakter dieses Stadtteils, der durch die moderne Architektur des Kulturzentrums sein Gesicht stark verändert hat. Seit das benachbarte Quartier Montorgueil rund um die gleichnamige Markstraße Fußgängerzone wurde, entwickelt es sich zum belebten Trendviertel.

Faubourg Saint-Germain (D/F 4/6)

Hier ließ sich die Aristokratie im 17. und zu Beginn des 18. Jh. luxuriöse Stadtpaläste erbauen, in denen heute überwiegend Ministerien und Botschaften untergebracht sind. Hauptanziehungspunkte in diesem ruhigen Viertel sind Eiffelturm, Invalidendom mit Napoleons Grab, Rodinmuseum und Musée d'Orsay.

Die Inseln (H/K 5/6)

Auf der Ile de la Cité, rund um Notre-Dame, ist die im Mittelalter so dichte Besiedlung Verwaltungsbauten wie dem Polizeipräsidium und dem Justizpalast gewichen. Die kleinere Nachbarinsel Ile Saint-Louis wirkt durch ihre Abgelegenheit wie ein Dorf – mitten im Zentrum von Paris.

Marais (J/K 4/6)

Im Marais, dem architektonisch schönsten Viertel von Paris, setzen vornehme Adelspaläste rund um die Place des Vosges einen aristokratischen Akzent. Unter das jüdische Paris rund um die Rue des Rosiers mit koscheren Metzgern

Am Abend: Arc de Triomphe und Champs-Elysées

und Bäckern haben sich schicke Restaurants und Boutiquen, Yuppie- und Homosexuellen-Bars gemischt (Extra-Tour 2, s. S. 86).

Montmartre (F/H 1)

In Montmartre und Pigalle, dem Ruf nach seit langem das Rotlichtviertel von Paris mit schäbigen Sexshops und viel Touristennepp, gibt es auch noch verträumt-dörfliche Ecken. Hauptattraktion ist die Zuckerbäckerkirche Sacré Cœur oben auf dem Hügel oder vielmehr der Blick auf Paris von den Treppen davor.

Montparnasse (E/G 8)

Im Künstlerviertel der goldenen und verrückten 20er Jahre ließen sich einst Maler und Schriftsteller nieder: Picasso und Modigliani, Scott Fitzgerald und Hemingway. Seit in den 70er Jahren Abrißbirne und neue Bauten wie die Gare Montparnasse und der Wolkenkratzer Tour Montparnasse die historisch gewachsene Struktur zerstörten, ist tagsüber nicht mehr viel zu sehen. Abends jedoch ist Montparnasse mit seinen zahlreichen Kinos und Brasserien ein beliebtes Ausgehviertel.

Quartier Latin (H/K 6/8)

Die studentisch-jugendliche Szene prägt das Quartier Latin rund um die Universität Sorbonne, das seinen Namen nicht den alten Römern verdankt, deren Thermen und Amphitheater hier noch zu besichtigen sind, sondern dem Latein, das an der mittelalterlichen Universität gesprochen wurde.

Saint-Germain-des-Prés (F/G 5/7)

Das Stadtviertel am Rive Gauche, dem linken Seine-Ufer, vereint kluge Köpfe und edle Mode. Berühmt machten das Viertel vor allem die Literaten-Cafés, in denen etwa Sartre und Beauvoir Hof hielten, allen voran Les Deux Magots und Le Flore (Extra-Tour 5, s. S. 92). Mit zahllosen Buchhandlungen und Verlagen, Antiquitätenläden und Kunstgalerien, Jazzclubs und Kinos ist Saint-Germain eines der schönsten Viertel zum Bummeln und Stöbern, ob bei den Bouquinisten am Seine-Quai, den Schachspielern im Jardin du Luxembourg, den Markthändlern in der Rue de Buci oder den schicken Boutiquen der großen Couturiers rund um die Place de Sèvres.

Sightseeing

Gebäude, Straßen und Plätze

Arc de Triomphe (B 2)
Place Charles de Gaulle (8e)
Im Winter Di–Sa 10–22.30,
So, Mo 10–18, im Sommer tgl.
10–22.30 Uhr
Métro: Charles de Gaulle-Etoile
Der 1836 eingeweihte Triumphbogen wurde zu Ehren der französischen Armee errichtet. Die Plattform bietet eine schöne Aussicht auf die zwölf sternförmig (*étoile*) vom Platz ausgehenden Avenuen.

Arènes de Lutèce (J 7)
47, rue Monge (5e)
Im Winter 8–17.30, im Sommer
8–22 Uhr, kein Eintritt
Métro: Cardinal-Lemoine
Das Amphitheater aus dem 1./2. Jh. ist eines der wenigen erhaltenen Zeugnisse der gallorömischen Epoche in Paris und eine fast mediterran wirkende Idylle im Quartier Latin.

Bibliothèque Nationale (südöstlich L 8)
Quai François-Mauriac (13e)
www.bnf.fr
Di–Sa 10–19 Uhr, So 12–18 Uhr
Métro: Quai de la Gare
Der Architekt Dominique Perrault entwarf die neue Nationalbibliothek in Form von vier aufgeschlagenen Büchern.

Centre d'Art et de Culture Georges Pompidou (J 5)
Place Beaubourg (4e)
www.cnac-gp.fr
Bis 2000 geschl.
Métro: Rambuteau
Das große, einst heftig umstrittene Kulturzentrum ist seit Januar 2000 wieder zugänglich. Neben Bibliothek, Buchhandlung, Kino, Internetcafé und Café in der obersten Etage ziehen vor allem die großen Kunstausstellungen Publikum an. Das Museum besitzt eine bedeutende Sammlung moderner Kunst; seit der Renovierung können rund

Paris zu Füßen: Besucher des Centre Pompidou

1400 Exponate (statt zuvor 800) gezeigt werden. Unbedingt mit der Außenrolltreppe nach oben fahren, der Blick über die Dächer von Paris ist wunderbar! Auf der Piazza vor dem Kulturzentrum: das Atelier des Bildhauers Constantin Brancusi.

Champs-Elysées (C 3–E 4)
Métro: Concorde oder Charles de Gaulle-Etoile
Die Prachtstraße von Paris wurde aufpoliert (verbreiterte Bürgersteige, weniger Reklame, unterirdische Parkhäuser), damit der vergangene Glanz wiederaufersteht.

Cité de la Musique (Nebenkarte)
221, av. Jean-Jaurès (19e)
www.cite-musique.fr
Di–Do 12–18, Fr, Sa 12–19.30, So 12– 18 Uhr
Métro: Porte de Pantin
Vom Architekten Christian de Portzamparc entworfenes Musikzentrum im Parc de la Villette, mit Konservatorium, Konzertsaal (s. S. 60) und einem Musikmuseum.

Cité des Sciences et de l'Industrie (Nebenkarte)
30, av. Corentin-Cariou (19e)
www.cite-sciences.fr
Métro: Porte de la Villette
Museum: Di–So 10–18 Uhr
Der Parc de la Villette, ein postmoderner Park mit roten Pavillons, wurde am Canal de l'Ourcq auf dem ehemaligen Schlachthofgelände angelegt. Im Park: Das nach Themen geordnete (Umwelt, Astronomie, Informatik, Kommunikation) Wissenschaftsmuseum mit vielen interaktiven Spielen, das Hemisphärenkino Géode (s. S. 59), ein Unterseeboot, der Flugsimulator Cinaxe, die Cité de la Musique (s. o.) und das Zénith (s. S. 63).

Conciergerie (H 5)
1, quai de l'Horloge (1er)
Im Winter tgl. 10–17,
im Sommer 9.30–18.30 Uhr
Métro: Cité
Die mittelalterlich wehrhafte Königsburg diente seit dem 15. Jh. als Gefängnis. Zu besichtigen sind Salle des Gens d'Armes, Salle des Gardes, die Küchenräume und die Zellen von Marie-Antoinette und Robespierre, die von hier zur Guillotine gebracht wurden.

Eiffelturm (B 5)
Champ de Mars (7e)
www.tour-eiffel.fr
Im Winter tgl. 9.30–23,
Juli und Aug. 9–24 Uhr
Métro: Bir-Hakeim
Der 317 m hohe, von dem Ingenieur Eiffel für die Weltausstellung 1889 konstruierte Turm ist das Wahrzeichen von Paris. Treppe oder Fahrstuhl zur 1. (in 57 m Höhe), 2. (115 m) oder 3. (276 m) Plattform.

Wahrzeichen: der Eiffelturm

Sightseeing

Fenster zur Zukunft: Grande Arche im Stadtviertel La Défense

Fondation Cartier (südlich F 8)

261, bd. Raspail (14e)
www.fondation.cartier.fr
Di–So 12–20 Uhr
Métro: Raspail
Nicht nur der transparente Glasbau von Jean Nouvel im Montparnasse-Viertel ist sehenswert, auch die Ausstellungen zur internationalen Kunst-Avantgarde von Pop-Art bis zu Videoinstallationen.

Forum des Halles (H 4)

(1er)
Métro: Châtelet-Les Halles
An der Stelle der alten Markthallen, dem legendären ›Bauch von Paris‹, wurde ein Einkaufszentrum über vier Etagen in die Tiefe gebaut (Extra-Tour 3, s. S. 88).

Grande Arche (westlich A 2)

La Défense
Tgl. 10–19 Uhr
Métro: Grande Arche de la Défense
Der von Otto von Spreckelsen entworfene neue Triumphbogen verlängert die Achse vom Louvre über die Champs-Elysées bis nach La Défense. Grandiose Aussicht von der Dachterrasse in 110 m Höhe.

Institut du Monde Arabe (J 7)

1, rue des Fossés Saint-Bernard (5e)
www.imarabe.org
Métro: Jussieu
Di–So 10–18 Uhr
Jean Nouvel hat dem arabischen Institut die Form eines gläsernen Dampfers gegeben und die Fassade mit sich je nach Lichteinfall öffnenden Blenden versehen, die an arabische Fenstergitter erinnern. Museum zur islamischen Kultur, Teesalon mit schöner Aussicht.

Jeu de Paume (F 4)

1, place de la Concorde (8e)
Di 12–21.30, Mi–Fr 12–19,
Sa, So 10–19 Uhr
Métro: Concorde
Modern und licht wirkt das einstige Ballspielhaus der Tuilerien nach dem gelungenen Umbau. Ausstellungen zeitgenössischer Kunst.

Katakomben (südlich G 8)

2bis, place Denfert-Rochereau (14e)

www.france-cybermedia.com/kata
Di–Fr 14–16,
Sa, So 9–11, 14–16 Uhr
Métro: Denfert-Rochereau
Nach Körperteilen sortierte Skelette von mehr als 6 Mio. Menschen wurden unterirdisch in ehemaligen Steinbrüchen aufgestapelt.

Mémorial du Martyr Juif Inconnu (J 6)
17, rue Geoffroy-l'Asnier (4e)
Tgl. 10–13, 14–18 Uhr
Métro: Hôtel de Ville
Mahnmal für den Genozid an Millionen Juden im Dritten Reich.

Mémorial des Martyrs de la Déportation (J 6)
Square de l'Ile de France (4e)
Im Winter tgl. 10–12, 14–17,
im Sommer bis 19 Uhr
Métro: Cité
Schlichtes und beeindruckendes Mahnmal für 200 000 aus Frankreich in deutsche Konzentrationslager deportierte Menschen, an der Spitze der Ile de la Cité.

Palais Garnier – Opéra (G 3)
Place de l'Opéra (9e)
Mo–Sa 10–17 Uhr
Métro: Opéra
Die von Charles Garnier erbaute, 1875 eingeweihte Oper, ein Prunkstück im Stil des Zweiten Kaiserreichs, wurde mit Marmor, Goldornamenten, Wandgemälden und viel rotem Samt üppig-luxuriös ausgestattet (kleines Opernmuseum).

Palais Royal (G 4)
Place du Palais-Royal (1er)
Métro: Palais-Royal
Der für Kardinal Richelieu erbaute Palast birgt einen hübschen Garten und Burens gestreifte Säulenstümpfe, umsäumt von eleganten Arkaden, in seinem Inneren.

Stade de France

Für die Fußballweltmeisterschaft 1998 wurde in Saint-Denis ein neues Stadion mit 80 000 Plätzen erbaut. Metro: Saint-Denis-Porte de Paris. Besichtigung der ›Fußball-Kathedrale‹ tgl. 10–18 Uhr (wenn keine Veranstaltungen stattfinden). www.stadefrance.fr

Panthéon (H 7)
Place du Panthéon (5e)
Im Winter 10–17.30,
im Sommer 9.30–18.30 Uhr
Métro: Cardinal-Lemoine
Das Mausoleum dient seit der Französischen Revolution als Gedenk- und Grabstätte für Frankreichs große Männer und Frauen (in der Minderzahl), darunter Voltaire, Rousseau, Hugo, Zola.

Pavillon de l'Arsénal (K 6)
21, bd. Morland (4e)
www.pavillon-arsenal.com
Di–Sa 10.30–18.30, So 11–19 Uhr
Métro: Sully-Morland
In diesem Eisenarchitektur-Bau steht ein großes Paris-Modell. Interessante Wechselausstellungen zur Stadtgeschichte und -planung.

Place de la Concorde (E 4)
(1er / 8e), Métro: Concorde
Der weitläufige Platz mit einem ägyptischen Obelisk und acht Statuen, die französische Städte darstellen, wirkt vor allem durch die Blickachsen zur Assemblée Nationale und zur Madeleine, über Champs-Elysées und zum Louvre.

Sightseeing

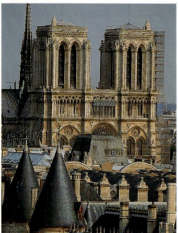

Mittelalterlich: Notre-Dame

Place des Vosges (K 5/6)
(4e), Métro: Bastille
Der unter Heinrich IV. angelegte Platz ist von 36 eleganten Renaissancepavillons aus Ziegeln umgeben. Die Arkaden rundherum nutzen ein paar Bistros als Terrasse.

Tour Montparnasse (E 8)
Rue de l'Arrivée (15e)
www.tourmontparnasse56.com
Im Winter tgl. 9.30–22.30,
im Sommer 9.30–23.30 Uhr
Métro: Montparnasse-Bienvenüe
Panoramablick von der 59. Etage (Dachterrasse) des 209 m hohen Wolkenkratzers in Montparnasse.

Kirchen

Invalidendom (D/E 5/6)
Esplanade des Invalides (7e)
www.invalides.org
Im Winter tgl. 10–17,
im Sommer 10–18 Uhr
Métro: Varenne
Invalidendom mit Napoleons Grab; Waffen, Rüstungen, Uniformen im Musée de l'Armée im Hôtel des Invalides; Musée des Plans et Reliefs

(Modelle von Festungen); Museum zur Zeitgeschichte.

Moschee (J 8)
Place du Puits-de-l'Ermite (5e)
Mo–Do, Sa, So 9–12, 14–18 Uhr
mit Führung
Métro: Censier-Daubenton
Das Minarett der Moschee am Jardin des Plantes wirkt wie eine orientalische Fata Morgana in Paris.

Notre-Dame (J 6)
Place du Parvis Notre-Dame (4e)
Sa 12.30–14 Uhr geschl., Turmbesteigung: im Winter 10–17,
im Sommer 9.30–19.30 Uhr
Métro: Cité
Die 1163 begonnene und erst 1345 beendete gotische Kathedrale auf der Ile de la Cité beeindruckt auch den Laien durch die harmonische Symmetrie der reich mit Skulpturen verzierten Westfassade. Von den Türmen eröffnet sich ein herrlicher Ausblick auf die Seine-Inseln. Mehr als einen Blick wert sind auch das Innere und die großen Fensterrosetten.

Sacré-Cœur (Nebenkarte)
Parvis du Sacré-Cœur (18e)
Métro: Anvers
Der neoromanisch-byzantinische Stil der von Paul Abadie erbauten und 1919 geweihten Kirche wird allgemein als ›Zuckerbäckerkitsch‹ verunglimpft – doch ist das weiße Bauwerk oben auf dem Montmartre-Hügel markantes Wahrzeichen der Stadtsilhouette. Über Treppen oder mit einer Zahnradbahn gelangt man hinauf und erlebt den eigentlichen Reiz der Kirche – den Blick auf Paris.

Saint-Germain-des-Prés (G 6)
Place Saint-Germain-des-Prés (6e)
Métro: Saint-Germain-des-Prés

Auf dem Montmartre-Hügel: Sacré-Cœur

Eine der wenigen romanischen Kirchen in Paris, einst Teil einer mächtigen Benediktinerabtei außerhalb der Stadtmauern (*des prés* = in den Wiesen), heute namengebend für das ganze Viertel.

Sainte-Chapelle (H 6)
Im Palais de Justice auf der Ile de la Cité, 4, bd. du Palais (1er)
Tgl. 10–17 Uhr
Métro: Cité
Die im 13. Jh. erbaute Kapelle, ein gotisches Kleinod, bestimmte Ludwig der Heilige dazu, die Dornenkrone Christi aufzunehmen. Berühmt sind die 600 m² farbigen Glasfenster (etwa zur Hälfte original erhalten) in der oberen, dem König vorbehaltenen Kapelle.

Museen

Louvre (G 4/5)
Rue de Rivoli, Eingang: Pyramide in der Cour Napoléon (1er)
www.louvre.fr
Mi–Mo 9–18 Uhr, Mo (nur Richelieu-Flügel), Mi bis 21.45 Uhr
Métro: Palais-Royal

Der einstige Königspalast ist heute das größte Museum der Welt. Staatspräsident Mitterrand ließ die Glaspyramide als neuen Eingang von I. M. Pei erbauen. Entweder sollte man nur bestimmte Werke suchen oder ziellos schlendern – alle auf knapp 60 000 m² der drei Flügel Sully, Richelieu und Denon verteilten Exponate zu sehen ist kaum möglich. Highlights sind die Überreste des mittelalterlichen Louvre, die »Mona Lisa« von Leonardo da Vinci – wohl das berühmteste Kunstwerk in Paris –, »Das Floß der Medusa« von Géricault, die »Venus von Milo«, die »Nike von Samothrake«. In den glas-überdachten Innenhöfen kommen viele Kunstwerke erst richtig zur Geltung, etwa die monumentalen Friese aus Khorsabad.

Musée d'Art Moderne de la Ville de Paris (C 4)
11, av. du Président-Wilson (16e)
Di–Fr 10–17.40, Sa, So 10–19 Uhr
Métro: Alma-Marceau
Museum für moderne Kunst im Palais de Tokyo. Schwerpunkt: Kunst des 20. Jh., Ecole de Paris.

73

Carte Musées

Die »Carte-Musées« gilt für ca. 70 Museen in Paris und der Ile de France und erspart das Schlangestehen. Erhältlich im Office de Tourisme (s. S. 16), in großen Métro-Stationen und den angegliederten Museen (80 FF pro Tag, 160 FF für drei Tage, 240 FF für fünf Tage). www.intermusees.com

Musée des Arts d'Afrique et d'Océanie (östlich M 8)
293, av. Daumesnil (12e)
Mi–Mo 10–17.30 Uhr
Métro: Porte Dorée
Kunst aus Schwarzafrika, dem Maghreb, aus dem pazifischen Raum und Australien (tropisches Aquarium im Untergeschoß).

Musée des Arts Asiatiques – Guimet (B 4)
6, place d'Iéna (16e)
Wiedereröffnung Frühjahr 2000
Mi–So 9.45–15.45 (Panthéon Bouddhique)
Métro: Iéna
Kunstschätze aus 17 Ländern, von Afghanistan über Indien bis Fernost. Highlight: Kunst der Khmer.

Musée des Arts Décoratifs (G 4)
107, rue de Rivoli (1er)
www.ucad.fr
Di–So 12–18 Uhr
Métro: Palais-Royal
Kunstgewerbe vom Mittelalter bis zu modernem Design; interessante Ausstellungen zur Plakatkunst oder einzelnen Gestaltern.

Musée des Arts et Metiers – Techniques (J 4)
60, rue Réaumur (3e)
www.cnam.fr
Di–Sa 10–17.30 Uhr
Métro: Arts et Métiers
Doppeldecker und Oldtimer, Uhren und Optikerarbeiten, mechanisches Spielzeug und vieles andere aus Technik und Handwerk.

Musée des Arts de la Mode et du Textile (G 4)
107, rue de Rivoli (1er)
Di–Fr 11–18, Sa, So 10–18 Uhr, Mi bis 21 Uhr
Métro: Palais-Royal
Mode vom 16. bis zum 20. Jh.

Musée Bourdelle (E 8)
16, rue Antoine-Bourdelle (15e)
Di–So 10–17.40 Uhr
Métro: Montparnasse-Bienvenüe
Im Atelier des Bildhauers (1861–1929) sind seine zum Teil monumentalen Arbeiten ausgestellt.

Musée Carnavalet (K 5)
23, rue de Sévigné (4e)
Di–So 10–17.40 Uhr
Métro: Saint-Paul oder Bastille
Interessantes Museum zur Pariser Stadtgeschichte in zwei vornehmen Stadtpalästen im Marais (Extra-Tour 2, s. S. 86).

Musée du Cinéma (C 4)
Av. du Président Wilson (16e)
Nach Brand geschlossen, Wiedereröffnung 2000
Métro: Iéna
Das Museum zur Filmgeschichte zieht voraussichtlich in das American Center im Parc Bercy um.

Musée Grévin (H 3)
10, bd. Montmartre (9e)
www.musee-grevin.com
Tgl. 13–18 Uhr, während der französischen Schulferien 10–19 Uhr

Métro: Grands Boulevards
Rund 500 Wachsfiguren Personen
aus Geschichte und Gegenwart.

Musée d'Histoire Naturelle (J 8)
57, rue Cuvier (5e)
Mi–Mo, Grande Galerie 10–18,
Do bis 22 Uhr, alle anderen Abteilungen 10–17 Uhr
Métro: Gare d'Austerlitz
Im Museum für Naturgeschichte
im Jardin des Plantes (s. S. 77)
setzte Filmregisseur René Allio die
Evolution in der Grande Galerie als
Arche Noah-Spektakel mit Ton-
und Lichteffekten in Szene.

Musée de l'Homme (A 5)
Place du Trocadéro (16e)
www.mnhn.fr
Mi–Mo 9.45–17.15 Uhr
Métro: Trocadéro
Vorgeschichte, Anthropologie und
Ethnologie im Palais de Chaillot.
Tip: Le Totem, Restaurant und
Café mit hitverdächtigem Blick auf
Trocadéro, Seine und Eiffelturm.

Musée de la Marine (A 4)
Im Palais de Chaillot, place du
Trocadéro
Mi–Mo 10–18 Uhr
Métro: Trocadéro
Eines der größten Schiffahrtsmuseen der Welt: Modelle, nautische
Geräte, alte Seekarten und Gemälde mit Hafenansichten.

Musée du Moyen Age (H 6)
6, place Paul Painlevé (5e)
Mi–Mo 9.15–17.45 Uhr
Métro: Cluny-La Sorbonne
Kunst und Kunsthandwerk aus
dem Mittelalter im Hôtel de Cluny,
einem in spätgotischem Flamboyant-Stil erbauten Stadtpalais im
Quartier Latin. Aus gallorömischer
Zeit stammen die Thermen.

Einst Bahnhof: Musée d'Orsay

Musée d'Orsay (F 5)
1, rue de Bellechasse (7e)
www.musee-orsay.fr
Di–So, im Winter 10–18, im Sommer 9–18 Uhr, Do bis 21.45 Uhr
Métro: Solférino
Der zur Weltausstellung 1900 eingeweihte Bahnhof wurde von Gae
Aulenti in den 80er Jahren zum
Museum des 19. Jh. umgebaut:
von Malerei und Bildhauerei bis zu
Fotographie und Architektur. Auch
die früher im Jeu de Paume untergebrachte Impressionistensammlung gehört zum Bestand.

Musée Picasso (K 5)
5, rue de Thorigny (3e)
Im Winter 9.30–17.30, im Sommer 9.30–18 Uhr, Di geschl.
Métro: Saint-Paul
Das Hôtel Salé, ein für einen Salzsteuereintreiber erbautes Stadtpalais im Marais, bietet einer umfassenden Sammlung von Gemälden
und Skulpturen Picassos den
schlicht-eleganten Rahmen.

Musée Rodin (E 6)
77, rue de Varenne (7e)
www.musee-rodin.fr

Di–So im Winter 9.30–16.45,
im Sommer 9.30–17.45 Uhr
Métro: Varenne
Werke des Bildhauers Auguste
Rodin und von Camille Claudel im
Hôtel Biron, einem klassizistischen
Palais mit hübschem Park.

Orangerie (F 4)
Place de la Concorde (8e),
Wegen Renovierung geschl., Wie-
dereröffnung Herbst 2001
Métro: Concorde
Die Seerosenbilder von Claude
Monet sind derzeit im Musée
Carnavalet untergebracht.

Parks & Friedhöfe

Friedhöfe sind im Winter 8–17.30,
im Sommer 8–17.30, So ab 9 Uhr
offen, Parks bis zur Dämmrung.

Bois de Boulogne (westlich A 3)
Der 850 ha große Stadtwald im
Westen von Paris mit Spazier-,
Rad- und Reitwegen, mehreren
Seen und Bootsverleih, Rennbah-
nen, Restaurants und dem Rosen-
garten beim Schlößchen Bagatelle
war einst königliche Jagddomäne.

Bois de Vincennes (östlich M 8)
Im östlichen Stadtwald liegt außer
dem mittelalterlichen Château de
Vincennes ein zoologischer Garten
sowie die Cartoucherie mit dem
Avantgarde-Theater von Ariane
Mnouchkine (s. S. 61).

Cimetière de Montmartre (Nebenkarte)
20, av. Rachel (18e)
Mo–Fr 8–18, Sa, So 9–17.30 Uhr
Métro: Blanche
Heine, Zola, Stendhal, Offenbach,

die Brüder Goncourt, François
Truffaut und Dalida ruhen hier.

Cimetière du Montparnasse (F 8)
3, bd. Edgar-Quinet (14e)
Mo–Fr 8–18, Sa 8.30–18, So 9–18,
Nov.–März bis 17.30 Uhr
Métro: Raspail
Auf dem Friedhof von Montpar-
nasse wurden Maupassant, Bran-
cusi, Zadkine, Baudelaire, Sartre,
Beauvoir, Gainsbourg bestattet.

Cimetière du Père Lachaise (östlich M 4)
Bd. de Ménilmontant (20e)
Mo–Sa 8–18, So 9–18, Nov.–März
Mo–Sa 8.30–17, So 9–18 Uhr
Métro: Père-Lachaise
Im parkartigen, berühmtesten Pa-
riser Friedhof pilgern die meisten
Besucher zum Grab Jim Morri-
sons. Lageplan für Edith Piaf, Dok-
tor Guillotin, Gertrude Stein, Mar-
cel Proust … am Eingang.

Jardin Atlantique (E 8)
Treppe an Gleis 1 der Gare Mont-
parnasse oder Place des Cinq-
Martyrs-du-Lycée-Buffon (15e)
Métro: Montparnasse-Bienvenüe
Der versteckteste Pariser Park: 18 m
über den Bahngleisen.

Jardin du Luxembourg (G 7)
(6e)
Métro: Luxembourg
Schachspieler und Studenten lie-
ben den schönen Park zwischen
Quartier Latin und Saint-Germain.
Die Fontaine des Médicis entstand
im 17. Jh. nach dem Vorbild itali-
nischer Grotten.

Jardin des Plantes (K 7/8)
Métro: Gare d'Austerlitz
Zum botanischen Garten, im 17.
Jh. als königlicher Kräutergarten
angelegt, gehören alte Glashäu-

Rituale im Park: Schachspieler im Jardin du Luxembourg

ser, eine Menagerie und das Museum für Naturgeschichte (s. S. 74).

Jardin des Tuileries (F 4) (1er)
Métro: Tuileries und Concorde
Von der zentralen Allee öffnet sich der Blick über die Champs-Elysées bis zum Triumphbogen in La Défense. Der als Flanierpromenade beliebte Park vermittelt mit den Boulespielern, den grünen Gartenstühlen, Minisegelbootverleih und Karussell für Kinder eine heitere Atmosphäre (Jeu de Paume, s. S. 70, und Orangerie, s. S. 74).

Parc André Citroën (westlich A 7)
Rue Balard/rue Saint-Charles (15e)
Métro: Javel oder Balard
Formalistischer Konzeptgarten auf dem ehemaligen Citroën-Werksgelände an der Seine, mit mehreren kubischen Glashäusern und Themengärten. Attraktion 2000: Ein Fesselballon, in dem rund 30 Passagiere für ein paar Minuten aufsteigen können.

Parc de Bercy (südlich M 8)
Rue de Bercy (12e)
Métro: Bercy
Gegenüber der neuen Nationalbi-

bliothek entstand ein Park auf dem früheren Gelände der Weinhändler, der Jardin de Mémoire.

Parc des Buttes-Chaumont (M 1/2) (19e)
Métro: Buttes-Chaumont
Hier finden Jogger und Skater (begrenzten) Auslauf und Liebespaare die Kulisse zum Träumen und Küssen. Hoch über See und Hängebrücke thront ein Tempelchen.

Parc Monceau (D 1)
Bd. de Courcelles (8e)
Métro: Monceau
Kleiner Park, besucht vor allem von adretten Kindern und ihren Au-pair-Mädchen aus dem eleganten 8. Arrondissement.

Promenade Plantée (L/M 7)
Av. Daumesnil (12e)
Métro: Ledru-Rollin oder Bastille
Die begrünte Promenade auf einem ehemaligen Bahnviadukt (Beginn kurz hinter Place de la Bastille, Spaziergang bis zum Bois de Vincennes möglich) ist einer der schönsten Spazierwege in Paris. In den Bögen des »Viaduc des Arts« arbeiten Designer, Kunsthandwerker und Restaurateure.

Öffnungszeiten: Im Winter tgl. 10–18, Sa 10–20, im Sommer 9–23 Uhr.

Übernachtungsmöglichkeiten: Sechs Hotels, Campingplatz (Stellplätze und Bungalows).

Anfahrt: 30 km östlich von Paris nahe Marne-la-Vallée. A4, Ausfahrt Euro Disney, RER Linie A oder Zug bis Marne-la-Vallée-Chessy.

Fontainebleau

Der Wald von Fontainebleau ist ein beliebtes Ausflugsziel für Pariser – zum Wandern und Radfahren, für Picknick oder Kletterpartien an den von der Witterung geglätteten Felsen. Das **Renaissanceschloß** gleichen Namens gehört zu den schönsten Frankreichs. Schon seit dem 12. Jh. besaßen die französischen Könige im Wald ein Jagdschloß, das Franz I. bis auf den Donjon niederreißen ließ. Für den eleganten Neubau wurden italienische Künstler verpflichtet, die ihre Vorbilder noch übertrafen – das ›Versailles Franz I.‹ entstand. Die »Schule von Fontainebleau« hat die französische Kunst grundlegend beeinflußt.

Barbizon am Westrand des Waldes entwickelte sich im 19. Jh. zur Künstlerkolonie, zu der Théodore Rousseau, Millet und Corot gehörten. Mit ihrer Wiederentdeckung der Landschaft und der Freiluftmalerei gelten sie als Vorläufer der Impressionisten.

Öffnungszeiten: Mi–Mo 9–12, 14–17 Uhr.

Anfahrt: 60 km über die A6 bis Ausfahrt Fontainebleau, über N 6 oder N 7, mit dem Zug ab Gare de Lyon bis Fontainebleau.

Disneyland

Micky Maus, Goofy, Pluto, Donald und Dagobert Duck bevölkern fünf ›Länder‹: In **Fantasyland** begegnen wir Pinocchio, Dornröschen, Schneewittchen, Peter Pan und Alice im Wunderland. Auf der **Main Street** einer amerikanischen Kleinstadt der Jahrhundertwende findet täglich eine Parade statt, mit Musikkapellen und bunten Wagen, Captain Hook und Roger Rabbit. In **Adventureland** sorgen Karibik-Piraten für Abenteuer, in **Frontierland** eine halsbrecherische Fahrt mit einer Westernbahn durch den Big Thunder Mountain, ein Schaufelraddampfer und ein Western-Saloon. Von Jules Vernes Reise zum Mond inspiriert ist der Space Mountain in **Discoveryland**, in dem man mit einer Kanone in den Weltraum geschossen wird, Indiana Jones und der Tempel der Gefahr dagegen stammen aus Hollywood.

Daneben bietet das Areal zahllose Restaurants, Cafés und Geschäfte, Bars mit Musikprogramm oder Wild West Show sowie Freizeit- und Fitnessangebote.

Internet:
www.disneylandparis.com

Untergrundbahn oberirdisch: Métro-Station

Saint-Denis

Weltweit bekannt wurde der nördlich von Paris gelegene Vorort spätestens durch die Fußballweltmeisterschaft 1998: Hier entstand ein modernes Vielzweckstadion. Die eigentliche Attraktion ist Jahrhunderte älter: Die Abteikirche gilt als Gründungsbau der Gotik und ist zugleich Grabstätte der französischen Könige. Von Dagobert, der im 7. Jh. die Abtei begründete, bis zur Französischen Revolution wurden hier alle Könige in kunstvollen Grabmonumenten bestattet. Der Legende nach hatte der heilige Dionysius, ein als Missionar nach Gallien entsandter Grieche, nach der Enthauptung auf dem Montmartre seinen Kopf noch bis hierher getragen.

Unter Abt Suger, dem einflußreichen Berater Ludwigs VI. und Ludwigs VII., wurde Saint-Denis zum Vorbild der gotischen Kathedralen Frankreichs, regte Wetteifer und Baulust im mittelalterlichen Europa an. Innerhalb weniger Generationen entstanden in der zweiten Hälfte des 12. Jh. in der Ile de France und vor allem in Nordfrankreich unter enormem Aufwand kühne, monumentale Bauwerke. In Saint-Denis ließ der Bauherr vor den bereits bestehenden karolingischen Bau im Westen eine neue Fassade setzen und im Osten einen neuen Chor anbauen. Deutlich erinnert die fast quadratische Westfassade mit Zinnenkranz und drei Portalen an ein (überdimensionales) Stadttor. Im Tympanon des Mittelportals entscheidet Christus als Weltenrichter beim Jüngsten Gericht darüber, wer durch dieses ›Tor des Himmels‹ tritt. Der im 19. Jh. von einem Blitz getroffene Nordturm wurde abgebrochen.

Während im Westbau die neue gotische Bauweise noch unbeholfen wirkt, hat Suger für den Chor einen Baumeister gefunden, der seine Vision einer Lichtmetaphysik zu verwirklichen vermochte. Die sieben Chorkapellen besitzen farbige Fenster von damals ungewöhnlicher Größe, die auf Zeitgenossen wie durchscheinende Wände wirkten.

Öffnungszeiten: Mo–Sa 10–19, So 12–19 Uhr.

Anfahrt: Métro bis Saint-Denis-Basilique.

Apollo und der Sonnenwagen

Versailles

Nicolas Fouquet, der ehrgeizige Finanzminister Ludwigs XIV., hatte seinen – nach auch damals teilweise als zweifelhaft geltenden Regeln erworbenen – Reichtum für die Errichtung des Schlosses Vaux-le-Vicomte verwendet, eines majestätischen Baus mit weitläufigen Gärten und prächtiger Ausstattung. Doch seinen Herrn und König auf eines der verschwenderischsten Feste jener Epoche dorthin einzuladen, sollte sich als Fehler erweisen. Der Sonnenkönig ließ seinen Minister verhaften, des Verrats und der Unterschlagung beschuldigen und zu lebenslangem Kerker verurteilen. Um nun die Macht des Königs und der Monarchie durch noch größeren Luxus zu demonstrieren, verpflichtete Ludwig XIV. für den Bau von Versailles Fouquets Architekten Louis Le Vau, den Gartengestalter André Le Nôtre und den Maler Charles Le Brun, der ganze Heerscharen von Webern, Stukkateuren und Malern mit der Innenausstattung beauftragte.

Noch unter dem Sonnenkönig hatte der Hof zunächst keinen festen Aufenthaltsort und wechselte zwischen Fontainebleau, den Tuilerien, Saint-Germain-en-Laye, Chambord, Vincennes und Versailles. Ab 1661 wurde das kleine Jagdschloß südwestlich von Paris zum größten und prächtigsten Schloß Europas erweitert, das vielen anderen Monarchen zum (unerreichten) Vorbild für ihre Residenzen werden sollte, so in Potsdam, Wien und Sankt Petersburg. Mehr als fünf Jahrzehnte sollte es dauern, bis die imponierende Schloßanlage fertiggestellt war, doch schon 1682 siedelte der Hof dauerhaft hierher über.

Alles in allem umfaßte der Hofstaat rund 20 000 Personen (Adlige und Personal), in deren Mitte sich das Leben des Königs weitgehend öffentlich vollzog. **Petits Appartements** (die königlichen Wohnräume) und **Grands Appartements** (die offiziellen Hof- und Festsäle), darunter als prunkvollster der berühmte Spiegelsaal, können besichtigt werden.

Unbedingt anschließen sollte man einen Spaziergang durch den weitläufigen **Park**, von André Le Nôtre als ›französischer‹, der Geometrie und den Perspektiven ver-

»Der Staat bin ich«: Versailles, Schloß von Sonnenkönig Ludwig XIV.

pflichter Garten angelegt. Von Kanälen und Alleen durchzogen, ist der Park wie das Schloß vor allem auf Wirkung hin konzipiert, Hunderte von Statuen, Brunnen und Blumenrabatten lockern die symmetrische Strenge auf.

Die strohgedeckten Häuser im **Hameau** im Park von Versailles verkörpern die (aristokratische) Vorstellung von ländlicher Idylle, und das Kulissenhafte wird heutzutage noch dadurch betont, daß hier bei schönem Wetter meist gleich mehrere Brautpaare fürs Familienalbum posieren. Einst kam die Königin Marie Antoinette in den kleinen ›Weiler‹, um dem extravaganten Prunk und der steifen Etikette am Hof zu entfliehen. Im Dörfchen streifte Marie Antoinette ein einfaches Bauernkleid über und weidete frischgewaschene Kühe, während im Land die Unzufriedenheit der echten Bauern wuchs und sich die Französische Revolution ankündigte.

Im Park ließ Ludwig XIV. das Schloß **Grand Trianon** im italienischen Stil, Ludwig XV. das klassizistische **Petit Trianon** erbauen.

Für den **Potager du Roi**, den königlichen Küchengarten, wurden ca. 8 ha in große Vierecke und kleinere umschlossene Gärten eingeteilt. Der Gärtner Ludwigs XIV. legte Ende des 17. Jh. einen der außerordentlichsten Gemüsegärten Europas an. Neben heimischen Gewächsen wie Erbsen, Salat, Stangenbohnen, Gewürzkräutern, Zwiebeln und Spalierobst pflanzte Jean-Baptiste de la Quintinie exotische Pflanzen wie Feigen und Melonen; späteren Nachfolgern des Gärtners gelang sogar der Anbau von Kaffee und Ananas.

Öffnungszeiten: Schloß, im Winter Di–Fr 9–17, Sa, So 10–17.30 Uhr, im Sommer Di–So 9–18 Uhr, Grand und Petit Trianon, im Winter Di–Fr 10–12, 14–17, Sa, So 10–17 Uhr, im Sommer Di–So 10–18 Uhr, Park: Besichtigung frei, im Winter 7–18, im Sommer 7–21.30 Uhr. Wasserspiele nur So im Sommer. Potager du Roi, nur mit Führung April–Nov. Mi–So 14.30 Uhr, Juni–Sept. Sa und So auch 16.30 Uhr.

Infos: www.chateauversailles.fr

Anfahrt: 20 km, mit dem Auto über N 185, mit der Linie C der RER bis Versailles-Rive Gauche.

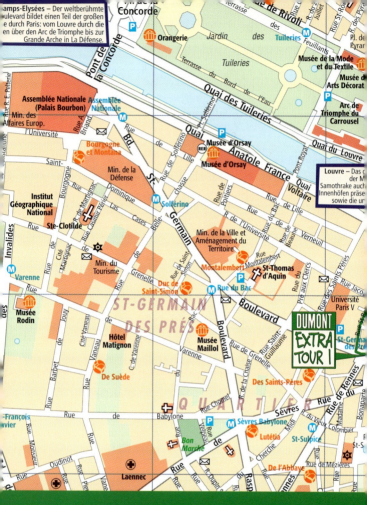

amps-Elysées – Der weltberühmte
ulevard bildet einen Teil der großen
e durch Paris: vom Louvre durch die
en über den Arc de Triomphe bis zur
Grande Arche in La Défense.

Concorde

Terrasse

Rue de Rivoli

Pl. de Pyran

Orangerie

Jardin

des

Tuileries

Feuillants

Musée de la Mode et du Textile

Terrasse

du

Bord

de

l'Eau

Tuileries

Musée d Arts Décorat

Quai des Tuileries

Assemblée Nationale (Palais Bourbon)

Min. des Affaires Europ.

l'Université

Assemblée Nationale

Rue A. Briand

Arc de Triomphe du Carrousel

Saint-

Bourgogne et Montana

Quai

de

Lille

Musée d'Orsay

Anatole France

Quai du Louvre

Min. de la Défense

Rue de Solférino

Poitiers

Musée d'Orsay

Quai Voltaire

Royal

Institut Géographique National

Rue de Martignac

Ste-Clotilde

Rue de Bellechasse

R. de l'Université

Rue du Bac

Rue de Verneuil

Louvre – Das c der M Samothrake auch Innenhöfen präse sowie die ur

Solférino

Min. du Tourisme

Min. de la Ville et Aménagement du Territoire

Montalembert

St-Thomas d'Aquin

Varenne

Rue de Grenelle

Montalembert

Rue du Bac

Université Paris V

Musée Rodin

Duc de Saint-Simon

Rue du Bac

Boulevard

Université Paris V

ST-GERMAIN DES PRÉS

St-Germa des Pr

Hôtel Matignon

Musée Maillol

Rue de Grenelle

Rue Saint Guillaume

DUMONT EXTRA TOUR 1

De Suède

QUARTIER

Des Saints-Pères

-François
avier

Rue de Sèvres

Sèvres

Rue de Rennes

Babylone

Sèvres Babylone

Lutétia

St-Sulpice

Bon Marché

Rue de Mézières

Laennec

De l'Abbaye

EXTRA-

Fünf Spaziergänge in Paris

1. Künstler-Cafés in Saint-Germain und Montparnasse

2. Marais – Adelspaläste und jüdisches Viertel

3. Pariser Passagen

Touren

Place de la Concorde

Louvre

Notre-Dame

St-Germain-des-Prés

Palais du Luxembourg

Odéon

Panthéon

Tour Montparnasse

Künstler-Cafés in Saint-Germain und Montparnasse

Könnten wir uns mit einer Zeitmaschine ins Paris der Vergangenheit zurückversetzen, würden viele vermutlich die 20er oder die 50er Jahre wählen, um das literarisch-künstlerische Leben in den Cafés zu beobachten. Schon seit dem 19. Jh. gehört zu Paris der Mythos des Bohémien, der in ungeheizten Dachstuben oder im Hotel lebt und im Café schreibt. Die berühmten Cafés der Belle Epoque lagen an den großen Boulevards, das **Café de la Paix** an der Oper existiert noch, das **Café Anglais** am Boulevard des Italiens verschwand. Als um die Jahrhundertwende die Künstlerbohème nach Montmartre zog, nach dem Ersten Weltkrieg nach Montparnasse und nach dem Zweiten nach Saint-Germain, da wechselten Schriftsteller und Maler auch ihre Stammlokale.

Die beiden bekanntesten der Nachkriegsära der 50er Jahre sind das **Café de Flore** (s. S. 41) und das **Deux Magots** (s. S. 42), an einer belebten Kreuzung im Stadtteil Saint-Germain-des-Prés, mit Blick auf die gleichnamige Kirche. In beiden hat fast jeder französische Schriftsteller ein paar Stunden verbracht, tatsächlich regelmäßig gearbeitet haben hier vor allem Jean Paul Sartre und Simone de Beauvoir, die in den Kriegsjahren ins Warme flüchteten. Nach Kriegsende fand der Existentialismus begeisterte Anhänger, der dem Schriftsteller und Trompeter Boris Vian und der Sängerin Juliette Gréco in die Jazzkeller folgten und das Viertel Saint-Germain zum Treffpunkt der künstlerischen Elite stilisierten.

In der **Brasserie Lipp** (s. S. 34) gegenüber liebte Ernest Hemingway das Bier und den Kartoffelsalat (»Paris – Ein Fest fürs Leben«). Wer einen Tisch im Erdgeschoß erhielt, durfte sich zur Prominenz zählen, weniger Glückliche mußten mit dem Obergeschoß vorliebnehmen.

In den beiden kleinen und familiären Restaurants **Petit St-Benoît** (s. S. 32) in der Rue Saint-Benoît und im **Beaux-Arts** (s. S. 32) in der Rue Bonaparte haben Generationen von Künstlern die preiswerten Menüs verzehrt.

Das Café **La Palette** (s. S. 42) profitiert von der Nähe zur Ecole

Reise in die Vergangenheit: das Café Deux Magots

des Beaux Arts – oder die Kunststudenten von der schönen Straßenterrasse? Jedenfalls ist meist jeder Platz belegt. Schon die Dichter Alfred Jarry und Apollinaire fachsimpelten hier beim Absinth über Literatur und Ästhetik.

Das erste Pariser Café war vermutlich das **Le Procope** in der Rue de l'Ancienne Comédie, das der Italiener Francesco Procopio dei Coltelli Ende des 17. Jh. eröffnete, als Kaffee als neues Modegetränk aufkam. Diderot, Voltaire und Rousseau gehörten zur Zeit der Aufklärung zu den Stammgästen, Danton und Marat, Benjamin Franklin und Thomas Jefferson während der Französischen Revolution. Da im 19. Jh. noch Victor Hugo, Honoré de Balzac, George Sand, Emile Zola, Guy de Maupassant und viele andere hinzukamen, bezeichnete sich das Café wohl zu Recht als »Rendezvous des Arts et des Lettres«.

Die Crémerie **Polidor** (s. S. 32), noch heute ein sehr preiswertes Speiselokal, war in den 20er Jahren auch für arme Literaten wie James Joyce erschwinglich.

Nach etwas Muße im Jardin du Luxembourg erreicht man mit der Closerie des Lilas (s. S. 34) das Montparnasse-Viertel. Im 19. Jh. noch ein Ausflugs- und Tanzlokal vor den Toren der Stadt, wurde sie zu Beginn des 20. Jh. Treffpunkt russischer Revolutionäre, darunter Lenin, und der Symbolisten, die sich jeden Dienstag unter der Ägide von Paul Fort zu Dichter-Soireen versammelten, während sich nach dem Ersten Weltkrieg Surrealisten und Dadaisten in der Brasserie als Bürgerschreck übten.

In der 1927 eröffneten Art-Déco-Brasserie **La Coupole** (s. S. 34) ließen die Besitzer 24 Stützpfeiler von Künstlern für Freigetränke mit Fresken versehen – daraufhin avancierte das Lokal schnell zu deren Treffpunkt.

Dôme, Select und **Rotonde** am Boulevard du Montparnasse waren jene drei weiteren »Trottoirakademien« der ›Montparnos‹, »an denen das Bohèmeleben, die Geringschätzung des Bürgertums, der Humor und das Saufen gelehrt« wurden (Léon Paul Fargue, »Le piéton de Paris«) und in denen jeder Poet oder Maler, der auf dem Kontinent etwas werden wollte, »ein wenig Militärdienst« abgeleistet haben mußte«.

Marais – Adelspaläste und jüdisches Viertel

Gleich zwei – sehr gegensätzliche – Minderheiten haben sich in vergangenen Jahrhunderten im Marais, dem von der Seine im Süden und dem Boulevard du Temple im Norden begrenzten Viertel, angesiedelt: die Aristokratie und die jüdische Gemeinde, also die ganz Reichen und die oft aus Osteuropa eingewanderten ganz Armen.

Nachdem zu Beginn des 17. Jh. Heinrich IV. die Place Royale, die spätere Place des Vosges (s. S. 72), auf einst sumpfigem Gelände (*marais*) hatte anlegen lassen, avancierte das Viertel schnell zum beliebten Baugrund für den Adel, der sich hier elegante Stadtpaläste errichten ließ. Charakteristisch ist die Gebäudeanlage des französischen *Hôtel: entre cour et jardin,* zwischen Ehrenhof und Garten, wurde der Wohntrakt errichtet, seitlich flankierten Gesinderäume und Stallungen den Hof, den zur Straße hin eine hohe Umfassungsmauer und ein Tor absperrten. Doch im 18. Jh. endete die Blütezeit bereits wieder, die feine Gesellschaft zog nach Saint-Germain oder auf die Ile Saint-Louis. Im

Lauf der Zeit kamen die Gebäude herunter, kleine Handwerksbetriebe und Werkstätten siedelten sich an. Inzwischen, in den 60er Jahren wurde das Viertel unter Denkmalschutz gestellt, hat man die Altbauten aufwendig restauriert.

Einige der vornehmen Adelspaläste wurden aufwendig restauriert und beherbergen heute Museen: das **Hôtel Salé** mit einer exzellenten Picasso-Sammlung (s. S. 75), das **Hôtel Carnavalet** mit dem sehenswerten Museum zur Stadtgeschichte (s. S. 74), das **Hôtel de Sully,** durch das man von der Rue St-Antoine zur Place des Vosges gelangt, das **Hôtel Donon** mit dem Musée Cognac-Jay (Rue Elzévir), das **Hôtel Guénégaud** mit dem Jagd- und Naturmuseum (Rue des Archives), der **Palais Soubise** mit dem Musée de l'Histoire de France (Rue des Francs-Bourgeois), das **Hôtel de Saint-Aignan** mit dem Museum zur Geschichte des Judaismus (Rue du Temple) und das **Hôtel Hénault de Cantobre** mit dem Haus der Photographie (Rue de Fourcy). Einen Blick von außen gestatten das **Hôtel Lamoignon** in der ersten gepflasterten Straße von Paris (Rue Pavée), in dem eine Biblio-

Hauptschlagader des jüdischen Viertels: Rue des Rosiers

thek zur Pariser Stadtgeschichte untergebracht ist, das spätgotische **Hôtel de Sens** (Rue du Figuier) und viele weitere, die das ziellose Flanieren lohnen.

Und mittendrin im Marais, rund um die Rue des Rosiers, dort, wo sich schon im Mittelalter das Ghetto befand, konzentriert sich das jüdische Paris von heute. Auch in Frankreich mußten Juden unter Pogromen leiden, wurden vertrieben, zu Unrecht der unsäglichsten Vergehen beschuldigt und im 20. Jh. unter der deutschen Besatzung in Konzentrationslager deportiert, doch Frankreich war auch das erste Land in Europa, das sie zu gleichberechtigten Bürgern erklärte – zur Zeit der Französischen Revolution. Heute leben im Marais Ashkenazim, aus Osteuropa stammende Juden, und Sephardim aus dem Mittelmeerraum – nicht immer friedlich – miteinander.

Jüdische Feinkostläden und Restaurants wie Jo Goldenberg und Marianne (s. S. 40) bieten *Gehakte Herring, Gehakte Leber, Piklfleish, Gefilte Fish* und *Blinis*, Bäckereien wie Finkelsztajn (s. S. 46) leckeren Mohnstrudel, Nußbrötchen und *Mazze*, das ungesäuerte Fladenbrot, koschere Metzger schlachten nach strengen Regeln. Aus den kleinen Synagogen, darunter eine vom Architekten der Métro-Eingänge, Hector Guimard, in reinem Jugendstil erbaute in der Rue Pavée, treten dunkelgekleidete Männer mit Bart und traditioneller Ohrlocke, die Buchläden offerieren den Talmud zum Studium.

Am Samstag, dem jüdischen Sabbat, ist es hier ruhig, sonst aber und vor allem sonntags, wenn alle Geschäfte geöffnet sind, flanieren Menschenmengen zwischen Falafelbuden und den sich immer mehr daruntermischenden Lokalen der Gay-Szene, teuren Modeboutiquen, Restaurants und Kunstgalerien. Leider wich auch der Hammam Saint-Paul, das türkische Bad, einem coolen Café.

In den letzten Jahren ist das Marais wieder in Mode gekommen und gehört zu den begehrtesten Pariser Wohngebieten: Schöne Altbauten mit hohen Räumen und mächtigen Eichenbalken schaffen das feudale Ambiente, die Mischung aus Szenelokalen und *Stetl* macht auch das Umfeld attraktiv. Das kann sich heutzutage wieder nur der (Geld-) Adel leisten.

Sacré-Cœur

Musée
Grévin   Porte
Börse   St-Denis

Bibliothèque
Nationale
Louvre   St-Eustache

Notre-
Dame

Pariser Passagen

Von den einst weit über 100 Pariser Passagen aus dem 19. Jh. sind kaum mehr 30 erhalten. Durch ihre Glasdächer fällt matt gefiltertes Tageslicht, und so bieten sie Flaneuren Zuflucht an Regentagen (und auch vor dem Lärm der Großstadt). Walter Benjamin und Louis Aragon haben ihnen wunderbare Bücher gewidmet, das »Passagenwerk« und »Pariser Landleben«. Einige der schönsten Passagen liegen nicht weit voneinander entfernt im 2. Arrondissement.

Die **Passage du Caire** ist das Reich der Schaufensterdekorateure. Sie gehört zu den eher unscheinbaren Passagen unter den ohnehin eher familiären, wenig pompösen Pariser Galerien, die sich nicht mit der Monumentalität der Mailänder oder Londoner überdachten Ladenstraßen messen können. Doch vermag das bizarre Ambiente aus Schaufensterpuppen, Kleiderständern und Verpackungsmaterial den Liebhaber des Surrealen oder Trivialen durchaus zu bezaubern. Einen Blick wert ist auf jeden Fall das Eingangsgebäude an der Place du Caire, an dem Sphinxköpfe auf

den ungewöhnlichen Namen aufmerksam machen, der eigentlich auf einen orientalischen Gewürzbasar hoffen läßt: Die Kairoer Passage, 1799 eingeweiht, erinnert an Napoleons Ägyptenfeldzug.

Kürzlich renoviert wurde die 1825 erbaute **Passage du Grand Cerf** an der Rue Saint-Denis, die erst wieder etwas lebhafter werden muß – was aber nur eine Frage der Zeit scheint, liegt sie doch mitten im Sentier, auch »Hongkong an der Seine« genannt, weil in dem betriebsamen Viertel ein Großteil der französischen Konfektionsware produziert wird. In Hinterhöfen werden Stoffe zugeschnitten, surren Nähmaschinen, in den Läden im Erdgeschoß wird die Oberbekleidung von der Stange nur *en gros* verkauft. Noch hat sich auch das Rotlichtambiente mit Sexshops und Stundenhotels gehalten, doch seit das *Quartier* als Fußgängerzone zur Kulisse degradiert wurde, ist die bizarre Mischung vermutlich dem Untergang geweiht.

Unterirdisch liegt das **Forum des Halles,** ein modernes Äquivalent zu den Glas-Eisen-Konstruktionen des 19. Jh. Das über vier Etagen in die Tiefe gebaute Ein-

Flanieren ohne Wind und Wetter: die Galerie Colbert

kaufszentrum wurde an der Stelle des »Bauchs von Paris«, der legendären Markthallen, erbaut, deren Abriß Ende der 60er Jahre ganz Paris in Aufruhr versetzte. Heute gehört das Forum zu den kommerziell erfolgreichsten Ladenpassagen Europas, in der mehrere Kinos, ein Hallenbad (s. S. 65) und die Videothek von Paris (s. S. 60) in der Masse der Jeansboutiquen fast untergehen.

Die stille und nur matt erleuchtete **Galerie Véro-Dodat,** von zwei Hallen-Metzgern in Auftrag gegeben, wirkt noch am originalsten – so viel Patina hat sie sich im Lauf der Jahre zugelegt. Der Puppenrestaurateur Robert Capia und ein paar Antiquitätenhändler haben sich in ihren Läden niedergelassen.

Die Arkaden des **Palais-Royal** können als Vorläufer der Passagen gelten: Läden, Cafés, Wettbuden und Prostituierte sorgten im 18. Jh. für ein reges Treiben. Heute ist es die grüne Oase des Gartens im Innenhof, die Besucher anzieht – gleich neben der hektischen Rue de Rivoli. Die umstrittenen Säulenstümpfe von Daniel Buren finden

bei Kindern Beifall, während die Terrasse des Teesalons Muscade (s. S. 43) Erwachsene bei Sonnenschein dazu verführt, sich dem Müßiggang zu überlassen.

Die **Galerie Vivienne** und die parallele **Galerie Colbert,** die beiden vornehmsten Passagen in Paris, wurden 1823 und 1828 erbaut.Und schon seit damals ist hier das Antiquariat Siroux ansässig. In Pastelltönen restauriert, kommen der Mosaikfußboden und das elegante klassizistische Dekor wieder gut zur Geltung. Für eine ruhige Verschnaufpause von der Großstadthektik bieten der Teesalon A Priori Thé (s. S. 42) und die von Brokern der nahen Börse frequentierte Brasserie Grand Colbert (s. S. 34) Gelegenheit. Der extravagante Laden von Jean Paul Gaultier (s. S. 50), die geflochtenen Möbelobjekte von Christian Astuguevieille, eine satirische Galerie, ein Weinhandel und ein Spielzeugladen verlocken zum Schaufensterbummel.

Drei Passagen schließen aneinander an, die belebte **Passage des Panoramas,** die **Passage Jouffroy** und die **Passage Verdeau,** in denen der Teesalon Arbre à Cannelle (s. S. 43) mit seiner sehenswerten Second-Empire-Holzvertäfelung, der Spazierstockhändler Ségas, der Graveur Stern, Lieferant eleganter Visitenkarten, eine Filmbuchhandlung (s. S. 45), der wie eine Kulisse wirkende Eingang zum Hotel Chopin und nicht zuletzt das Wachsfigurenkabinett des Musée Grévin (s. S. 74) in die Welt des 19. Jh. zurückversetzen. Verschwunden sind heute allerdings die großen namengebenden Panoramen, in denen 20 m hohe und 90 m breite Leinwände in Rotunden Stadt- und Landschaftsansichten zeigten.

Porte de la Villette
Cité des Sciences
et de l'Industrie
Grande
Halle
Cité de la
Musique
Hôtel du
Nord
Place de la République

Alte Technik,
neue Technik – von der
Hebebrücke zum
Flugsimulator

Eigentlich beginnt bzw. endet der knapp 5 km lange **Canal Saint-Martin** kurz hinter der Bastille. Am Port de l'Arsénal, dem Yachthafen von Paris, mündet er in die Seine. Mit dem Canal de l'Ourcq wurde er zu Beginn des 19. Jh. unter Napoleon als Wasserversorgung angelegt, da das Trinkwasser in der Hauptstadt knapp war. Zur Revolutionszeit stand pro Person und Tag nur etwa 1 l zur Verfügung. Fünf Flüsse wurden umgeleitet und rund 100 km Kanalbecken gegraben, um die Situation zu verbessern.

Das Teilstück zwischen Place de la Bastille und dem Startpunkt des Rundgangs wurde überdacht und ein Boulevard angelegt. Lichtluken lassen den Spaziergang oder eine Kanalfahrt (s. S. 19) im grün-düsteren Halbdunkel dennoch nicht gar so unheimlich wirken. Ab der Rue du Faubourg du Temple verläuft der Kanal wieder oberirdisch. Zahlreiche **Schleusen**, eine **Wendebrücke** und steile, **metallene**

Fußgängerstege, von denen man den regen Bootsbetrieb beobachten kann, lassen den von Bäumen gesäumten Kanal fast holländisch wirken.

Cineasten ist das **Hôtel du Nord** in Nr. 102 des Quai de Jemmapes aus dem gleichnamigen Film (1938) von Marcel Carné ein Begriff, in dem die Schauspielerin Arletty auf einer Brücke über dem Kanal den angeblich meistzitierten Ausspruch der Filmgeschichte tat: »Atmosphère, Atmosphère«. Der Film wurde allerdings im Studio gedreht, die Szenerie nachgebaut. Auf der Uferpromenade gelangt man zur Place de Stalingrad, an der sich der Kanal zum Bassin de la Villette erweitert. Die 1784 von Charles-Nicolas Ledoux erbaute **Rotunde** lag einst an der Stadtgrenze und diente als Zollhaus.

Unweit der **Pont de Crimée,** einer Hebebrücke mit großen Rädern und dicken Stahltrossen, wurde in den Lagerhäusern und Fabriken der Umgebung der Kultfilm »Diva« gedreht.

Im 19. Arrondissement, einem Viertel weitab vom touristischen Pflichtprogramm, liegt das ehemalige **Schlachthofgelände.** Einzig erhaltener historischer Bau ist

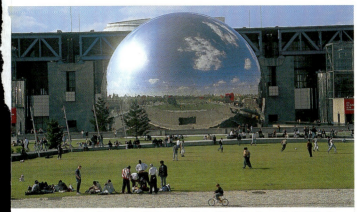

Technische Wunderwelt: glitzerndes Kugelkino im Parc de la Villette

die Grande Halle, der einstige Rindermarkt, die heute als Ausstellungshalle dient. Ende der 50er Jahre wurde ein neues Gebäude errichtet, das sich bald als Fehlplanung erwies und zum Finanzskandal auswuchs. Aus der Bauruine machte der Architekt Adrien Fainsilber einen Abenteuerspielplatz für Wissendurstige, die **Cité des Sciences et de l'Industrie** (s. S. 69). Im kolossalen Wissenschafts- und Technikmuseum, viermal so groß wie das Centre Pompidou, bringen interaktive Spiele naturwissenschaftliche Gesetze näher: Ein perspektivischer Raum proviziert optische Täuschungen, im Odorama müssen Gerüche erraten werden, Schallschüsseln übermitteln Unterhaltungen auf große Entfernung, in Gewächshäusern kann die Pflanzenwelt betrachtet werden. In den thematisch organisierten Abteilungen zu Ton, Bild, Wetter, Meeresforschung, Raumfahrt, Energie, Informatik und vielem anderen können überall Knöpfe und Hebel gedrückt werden, laden Geräte zum Ausprobieren ein. Im Planetarium reproduziert ein Projektor den Himmel, im Simulationssaal Cinaxe kann der Flug in einem Düsenjet erlebt werden (Kopfhörerverleih mit deutschsprachigen Informationen in der zentralen Eingangshalle).

Der 35 ha große **Parc de la Villette** wurde von Bernard Tschumi als Park für das 21. Jh. konzipiert, der nicht Entspannung und Muße, sondern Aktivitäten fördern soll. Rote, wie Skulpturen wirkende Würfel setzte er zwischen Themengärten und einen ›kinematographischen Spazierweg‹. Die **Argonaute,** ein ausgedientes U-Boot der französischen Marine, wurde über Flüsse und Kanäle von der Küste nach Paris transportiert. Im Kugelkino **Géode,** das die Umgebung widerspiegelt, mit einer 1000-m² großen Leinwand fühlt sich der Zuschauer mitten ins Filmgeschehen versetzt (s. S. 59).

Im Südteil des Parks entwarf Christian de Portzamparc den postmodernen Komplex der **Cité de la Musique** (s. S. 69) mit Konservatorium, Musikmuseum und Konzertsaal, am Ostrand zieht die Zelthalle **Zénith** (s. S. 63) bei großen Popkonzerten, im Sommer das Open-Air-Kino auf Riesenleinwand viele Besucher an.

Internet: www.la-villette.com

Modebummel im ›Goldenen Dreieck‹

Wer zum Modebummel nach Paris fährt, dem wird es leicht gemacht: Die Couturiers residieren nahe beieinander, und so läßt sich schnell feststellen, ob gerade Holzfällerhemden, Schlitze im Kleid oder Asymmetrie im Trend sind. In den Seitenstraßen der Champs-Elysées (8e), rund um die Place des Victoires (2e) und in drei, vier Straßen in Saint-Germain-des-Prés (6e und 7e) sitzt alles, was in der Modebranche Rang und Namen hat, vom Punker und Enfant terrible Jean Paul Gaultier über die jüngeren Modemacher wie Thierry Mugler oder die Japaner Kenzo und Yohji Yamamoto bis zu den Altmeistern Yves Saint-Laurent und Christian Dior (s. S. 50).

Bis in die 60er Jahre waren die Champs-Elysées die »schönste Avenue der Welt«, Luxusmeile und Synonym für den sprichwörtlichen Pariser Chic. Doch wegen der hohen Mieten verdrängten Fastfood-Ketten, Premierenkinos und Traditionslokale von den ›Elysischen Feldern‹. Beinahe in letzter Minute wurde dank einer Bürgerinitiative das Fouquet's, legendä-

rer Prominententreff, unter Denkmalschutz gestellt, bevor japanische oder arabische Aufkäufer das Restaurant ebenfalls auflösen konnten. Mit einer Verschönerungskampagne wurde dann auch der Rest der Prachtstraße aufpoliert: allzu grelle Reklame und Parkplätze wurden verbannt, die Bürgersteige auf 22 m verbreitert und neue Bäume gepflanzt. Ob diese Gesichtspflege nur oberflächliche Kosmetik oder ein echtes Lifting war, bleibt abzuwarten.

Heute konzentrieren sich die großen Modehäuser seitlich des Prachtboulevards im ›Goldenen Dreieck‹, das von Avenue Montaigne, Avenue George-V und Rue François-Ier begrenzt wird. Hier reihen sich klangvolle Namen wie Balenciaga, Balmain, Cardin, Courrèges, Dior, Ferré, Givenchy, Lacroix, Lapidus, Ricci, Rochas, Scherrer und Ungaro aneinander; jenseits der Champs-Elysées haben sich in der Rue du Faubourg Saint-Honoré Hermès (s. S. 44), Chloé, Lagerfeld, Lanvin, Féraud und Saint-Laurent niedergelassen. Paris gilt als Modehauptstadt der Welt, auch wenn Mailand und New York sich als ernsthafte Konkurrenz betrachten. Wie selbstver-

**Statt alteingesessener Bäckereien oder Buchhandlungen:
profitträchtige Luxusboutiquen**

ständlich gehört es sich daher auch für italienische und japanische Designer – und für Jil Sander –, hier eine Pilot-Boutique zu eröffnen. Denn wer in Paris kreative Karriere macht, schafft es überall.

Für denjenigen, der hier flaniert, ist eine leistungsfähige Kreditkarte allerdings Voraussetzung dafür, daß es nicht nur beim *lèche-vitrines*, Schaufensterbummel, bleibt, sondern auch der heimatliche Kleiderschrank vom Besuch der Modemetropole profitiert. Während bei den *défilés* der Haute Couture, den Modenschauen im unterirdischen Carrousel du Louvre (s. S. 47), Entwürfe präsentiert werden, von denen Schöpfer und Publikum wissen, daß sie nicht tragbar sind, hängt in den Showrooms die *Prêt-à-porter*-Linie – zu einem Bruchteil des Preises der Originalmodelle.

Klassisch-elegant, glamourös und effektvoll, minimalistisch-eigenwillig, aufregend weiblich oder farbenfroh – jeder Stil ist vertreten. Für alle gilt: Understatement in der Präsentation, Exklusivität wird durch teure Materialien und sorgfältige Verarbeitung aus-gedrückt. Das Personal der Modetempel ist mindestens genauso ›vornehm‹ wie die Stammkundinnen ›Von und Zu‹ oder mit dem Geld ganzer Öldynastien im Hintergrund.

Die führenden Unternehmen der Luxusindustrie haben allerdings längst erkannt, daß Haute Couture mehr verschlingt als sie einbringt. Doch mit teuren Parfüms, Beautyserien und Accessoires läßt sich wieder wettmachen, was für die Edelschneiderei auf der Sollseite verbucht werden muß. Immer weniger Häuser sind jedoch das, was sie scheinen: unabhängige, seit Jahrzehnten in Familienbesitz befindliche Mittelstandsunternehmen. Tatsächlich verstecken sich hinter den meisten Namen internationale Konzerne, allen voran LVMH (Louis-Vuitton-Moët-Hennessy), eine Gruppe mit 30 Mrd. Francs Jahresumsatz, die neben Dior und Vuitton mit Moët-Chandon die exklusivste Champagnermarke, mit Hennessy einen der bekanntesten Cognacs und mit dem Château d'Yquem das prestigeträchtigste Weingut ihr eigen nennt.

Impressum/Fotonachweis

Titel: Vor dem Restaurant Chez Paul im Bastilleviertel
S. 2/3: Strawinski-Brunnen von Niki de Saint-Phalle und Jean Tinguely
S. 4/5: Glaspyramide am Louvre
S. 20/21: Lokal in der Rue de Lappe

Fotonachweis

Thomas Ebert, laif/Köln   Titelbild, Abb. S. 4/5, 20/21, 32, 35, 42, 44, 52, 53, 59, 61, 65, 81, 85, 87, 91, 93
Erwin Fieger, Look/München   Abb. S. 2/3, 67
Christian Heeb, Look/München   Abb. S. 1, 25, 28, 37, 48, 57, 68, 69, 70, 72, 79, 80, 89
Gabriele Kalmbach, Köln   Abb. S. 6/7, 10, 13, 41, 47, 73, 75, 77
Rainer Martini, Look/München   S. 8/9

Kartographie: Berndtson & Berndtson Productions GmbH, Fürstenfeldbruck
© DuMont Buchverlag

Métro- und RER-Plan mit freundlicher Genehmigung der RATP Paris

Alle in diesem Buch enthaltenen Angaben wurden von der Autorin nach bestem Wissen erstellt und von ihr und dem Verlag mit größtmöglicher Sorgfalt überprüft. Gleichwohl sind inhaltliche Fehler nicht vollständig auszuschließen. Ihre Korrekturhinweise und Anregungen greifen wir gern auf. Unsere Adresse: DuMont Buchverlag, Postfach 101045, 50450 Köln. E-Mail: reise@dumontverlag.de

Die Deutsche Bibliothek – CIP-Einheitsaufnahme

Gabriele Kalmbach:
Paris / Gabriele Kalmbach. - Ausgabe 2000
- Köln : DuMont, 2000
(DuMont Extra)
ISBN 3-7701-5138-0

Grafisches Konzept: Groschwitz, Hamburg
© 2000 DuMont Buchverlag, Köln
Alle Rechte vorbehalten
Druck: Rasch, Bramsche
Buchbinderische Verarbeitung: Bramscher Buchbinder Betriebe
ISBN 3-7701-5138-0

Register

Register